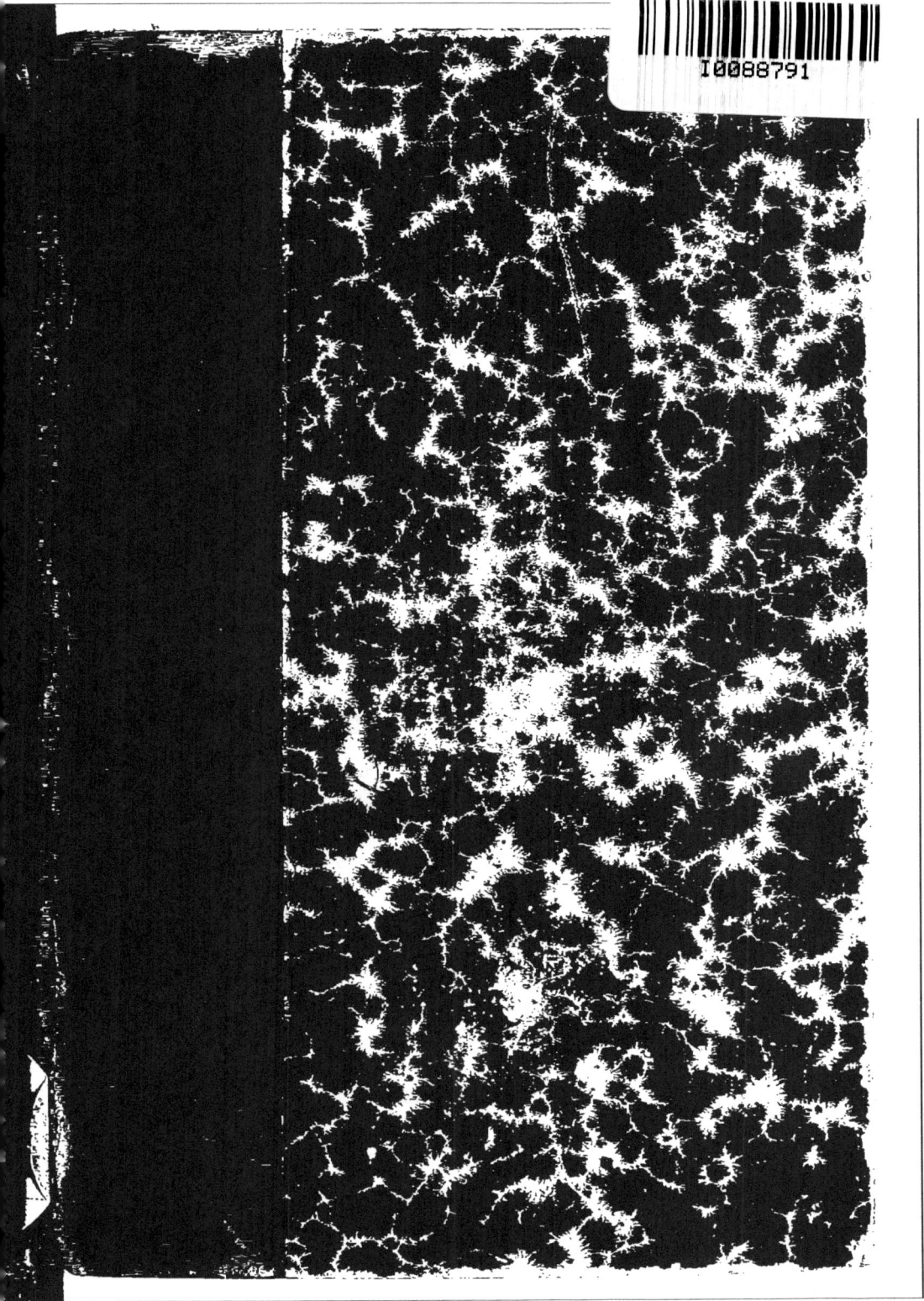

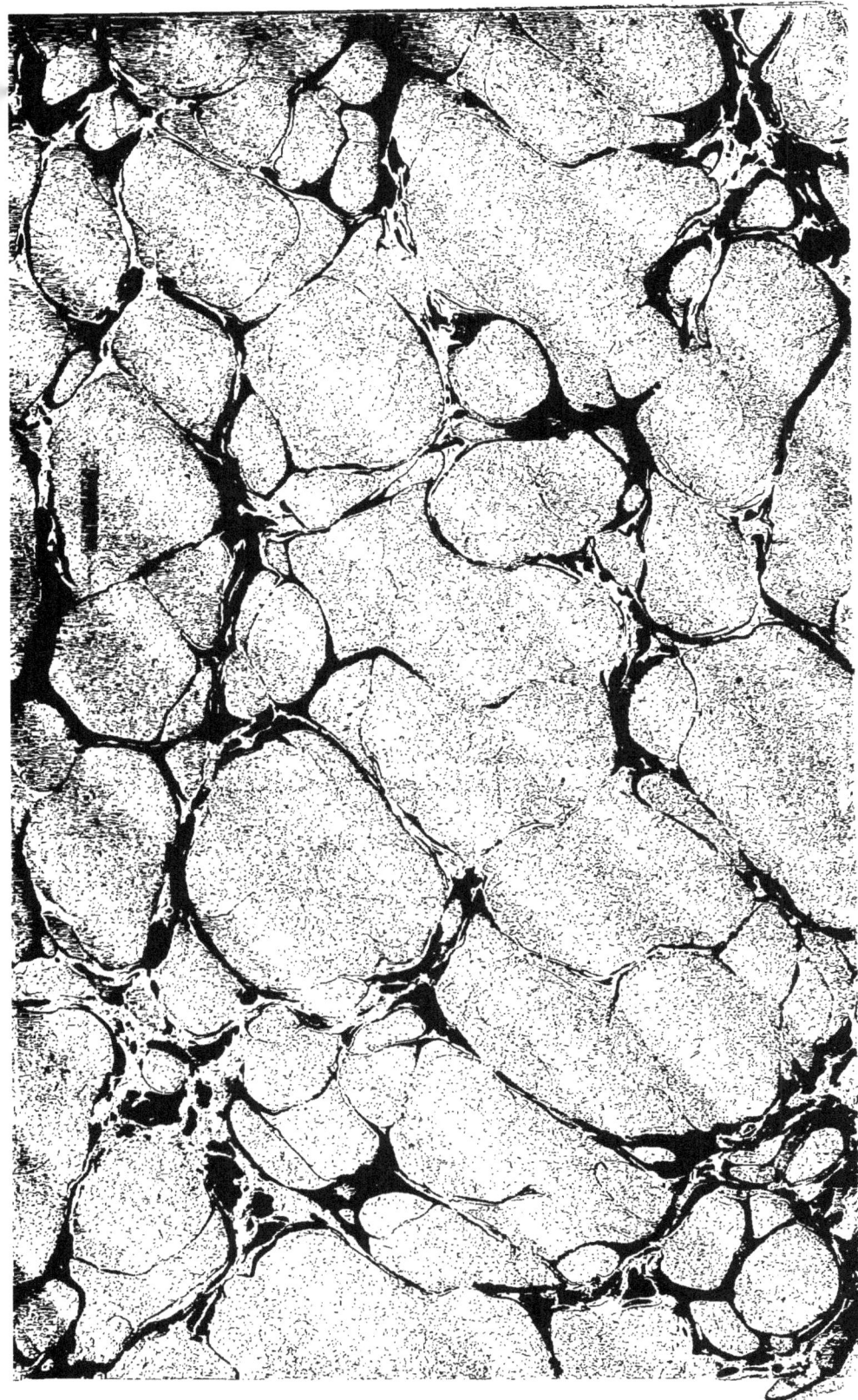

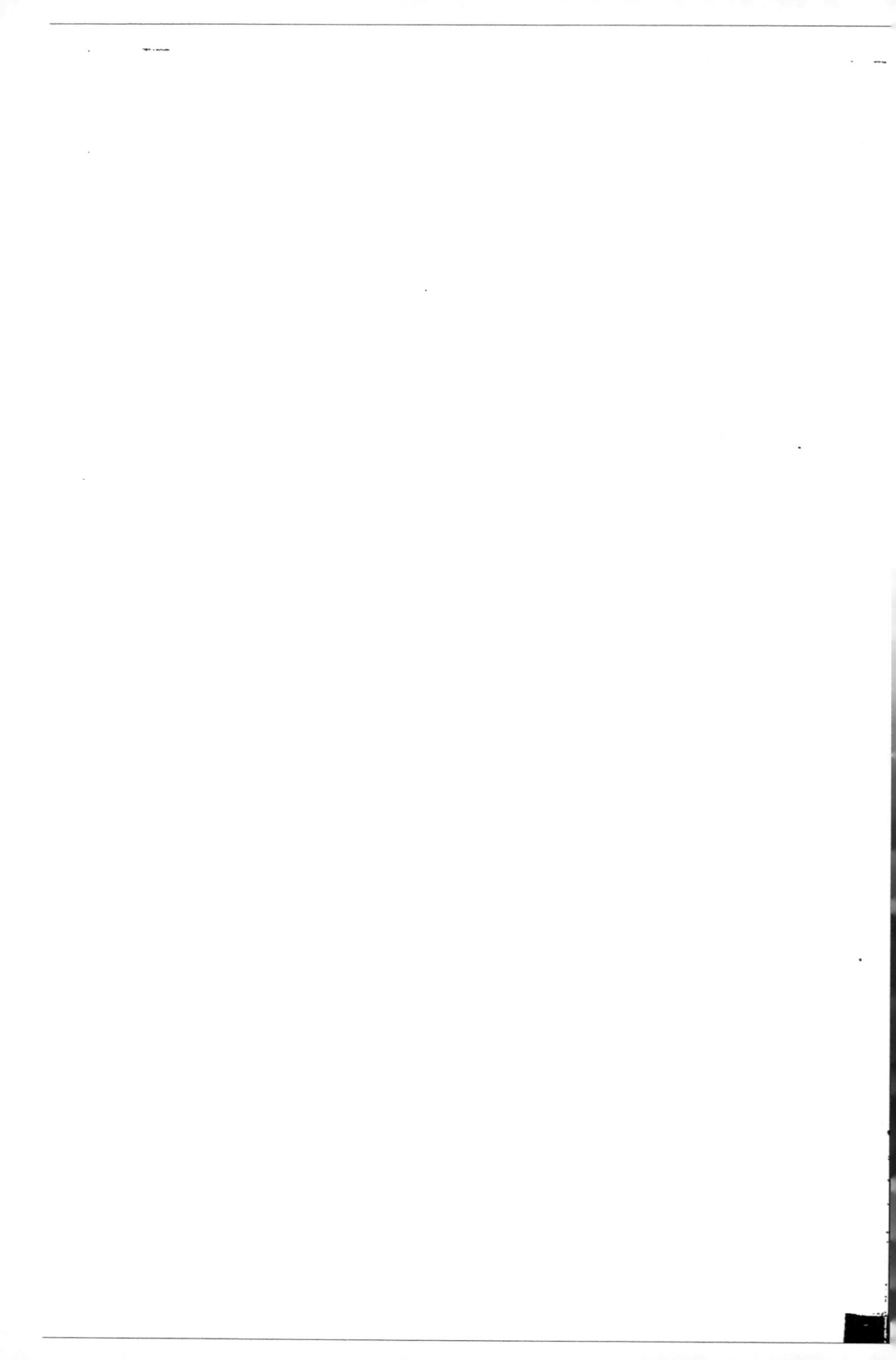

# RECHERCHES HISTORIQUES

SUR

# FÉCAMP

ET SUR QUELQUES-UNS DES

## ANCIENS CHÂTEAUX ET SEIGNEURS

DU PAYS DE CAUX

PAR

Mme E. DE BUSSEROLLE

FÉCAMP

CH. HUE, ÉDITEUR

1859

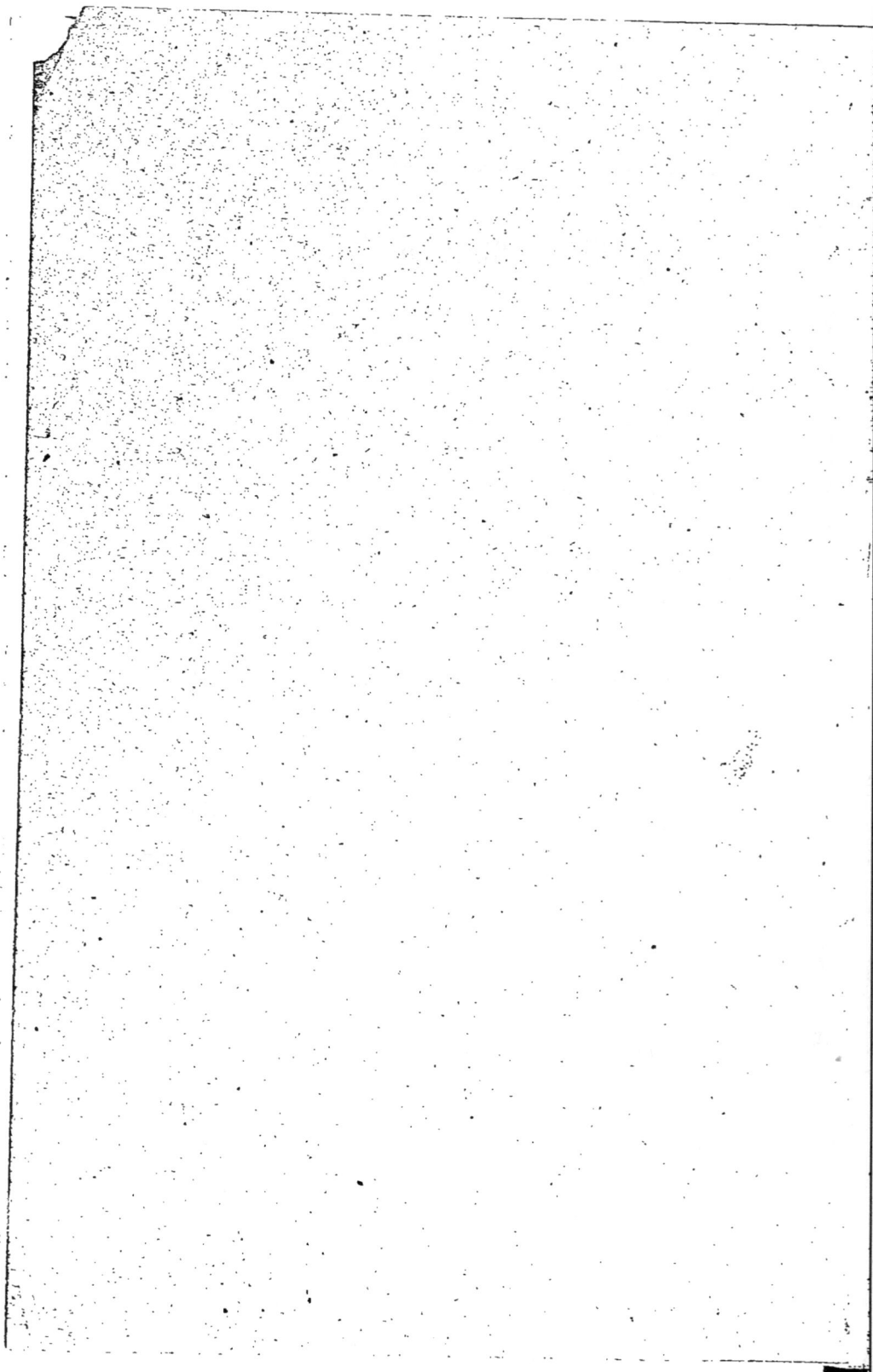

# RECHERCHES HISTORIQUES

SUR

# FÉCAMP

ET SUR QUELQUES-UNS DES

## ANCIENS CHATEAUX ET SEIGNEURS

DU PAYS DE CAUX

PAR

Mme E. DE BUSSEROLLE.

FÉCAMP

CH. HUE, ÉDITEUR

1859

# LE CHATEAU DES LOGES

## ET SES SEIGNEURS

La commune des Loges, dépendant du canton
de Fécamp, est une des plus anciennes de la Normandie. Il en est fait mention dès le VII^e siècle,
dans une charte qui nous apprend qu'une dame,
nommée Childemarque, avait bâti aux Loges un
petit ermitage, d'où elle partit en 664, pour aller
prende la direction d'un monastère fondé à Fécamp
par le comte Waninge. Des traces de forges romaines trouvées dans ses environs, attestent également
l'ancienneté de ce centre de population.

L'existence du château de cette commune paraît remonter à l'origine du gouvernement féodal.
C'est un monument aussi intéressant par les sou-

venirs historiques qui s'y rattachent, que par les
renseignements archéologiques qu'il présente. La
seule partie du corps de bâtiment primitif qui ait
résisté aux efforts du temps est l'entrée du midi,
où l'on remarque les caractères propres aux constructions du XI<sup>e</sup> siècle. Vers l'an 1450, le manoir
subit des réparations importantes ; la forme de la
plupart des portes et fenêtres accuse cette époque.
Une tourelle d'une forme gracieuse et qui subsiste
encore, fut ajoutée dans le même temps au côté oc-
cidental. Des douves profondes, revêtues de ma-
çonnerie, entouraient le vieux manoir ; dans plusieurs endroits ces douves se trouvaient protégées
par des cavaliers de terre et autres ouvrages avan-
cés, d'un certain développement. Malgré ses trans-
formations successives, l'édifice a conservé une
physionomie aristocratique, curieuse au point de
vue de l'art, et qui ne manque jamais d'occuper
longtemps l'attention de l'antiquaire et même du
voyageur peu soucieux des souvenirs du moyen-
âge.

La chatellenie et le château des Loges ont appar-
tenu pendant plus de quatre siècles à l'illustre maison d'Estouteville. Robert II, dit le Jeune, sire
d'Estouteville vivait en 1096. Il prit le parti de
Robert II, duc de Normandie, contre Henri I<sup>er</sup>,

roi d'Angleterre son frère, et fut mis en possession de la terre des Loges par le premier de ces princes, en récompense des services qu'il lui avait rendus. Son fils Nicolas d'Estouteville Ier, sieur des Loges, fonda l'abbaye de Notre-Dame de Valmont en 1169 et lui donna l'église paroissiale des Loges.

Parmi les successeurs de Nicolas, qui se distinguèrent plus particulièrement dans la carrière des armes, ou qui occupèrent des charges importantes, on cite : Robert III, sire d'Estouteville et des Loges, mort en 1185, — Henri, sire d'Estouteville et des Loges, chevalier-bonneret, (1205), — Robert V d'Estouteville, (1303), — Jean II, seigneur d'Estouteville, de Valmont et des Loges, grand-bouteiller de France, (1415), — Louis Ier d'Estouteville, grand-sénéchal et gouverneur de Normandie. Ce seigneur défendit vaillamment la ville d'Harfleur et le mont Saint-Michel contre les Anglais, en 1415 et 1427, et mourut en 1463, — Jacques, sire d'Estouteville, capitaine de Falaise, (1480, — Jean III, sire d'Estouteville et des Loges, (1530)

Par lettres du mois d'août 1534, enregistrées au parlement de Rouen le 12 septembre suivant, et à la chambre des comptes de Paris le 14 octobre, la terre des Loges fut unie à celles de Valmont, Varengeville, Berneval, Cléville, le Bec-de-Mortagne, la Remuée, Hotot-sur-Dieppe, Bec-aux-Cauchois, Trémauville, Espiney, Fauville, Mareuil, Héricourt, Sassetot et de Criquemanville, pour être érigées en duché sous le nom d'Estouteville, en faveur d'Adrienne d'Estouteville fille de Jean III, seigneur des Loges.

Adrienne ayant épousé François de Bourbon, comte de Saint-Pol, celui-ci fut duc d'Estouteville et par conséquent seigneur des Loges. De ce mariage naquit François de Bourbon II, duc d'Estouteville, gouverneur du Dauphiné, mort en 1546.

Léonor d'Orléans, duc de Longueville, prince souverain de Neufchâtel, devint duc d'Estouteville par son mariage avec Marie de Bourbon, (1563).

Le duché d'Estouteville passa par héritage dans la maison de Goyon, représentée en 1700 par Jacques de Goyon III, sire de Matignon et de Thorigny, et en 1716 par Jacques-François-Léonor de Goyon, duc de Valentinois, lieutenant-général de Normandie, gouverneur de Cherbourg et de Granville, pair de France. Honoré-Camille-Léonor Grimaldi, prince de Monaco et duc de Valentinois, fut le dernier duc d'Estouteville et seigneur des Loges.

Les seigneurs des Loges étaient fondateurs et patrons de l'église paroissiale de cette commune. L'édifice primitif bâti par Nicolas d'Estouteville dans le XI<sup>e</sup> siècle a été remplacé par celui que nous voyons aujourd'hui. A en juger par sa physionomie architecturale, cette église a dû être commencée dans le XIV<sup>e</sup> siècle et achevée dans le XVII<sup>e</sup>. La tour et le chœur sont très-remarquables ; le maître-autel est digne également d'attention à cause de ses bizarres sculptures.

———

Après les princes de Monaco, le château des Loges passa dans les mains d'un nommé Ambroise de Marcy, qui s'en rendit acquéreur suivant acte notarié, passé à Paris le 8 floréal an XI. Le 24 pluviôse an XIII, M. Louis-Joseph Lecoq, ancien administrateur des messageries royales, en devint propriétaire. Il le revendit en 1825, avec d'autres immeubles, au sieur Nicolas Romain.

Aujourd'hui, le vieux château des Loges, dont il reste à peine quelques traces de l'ancienne splendeur, transformé en salle de café, appartient à M. Joseph Auber, qui l'habite depuis longtemps.

*Note de l'éditeur.*

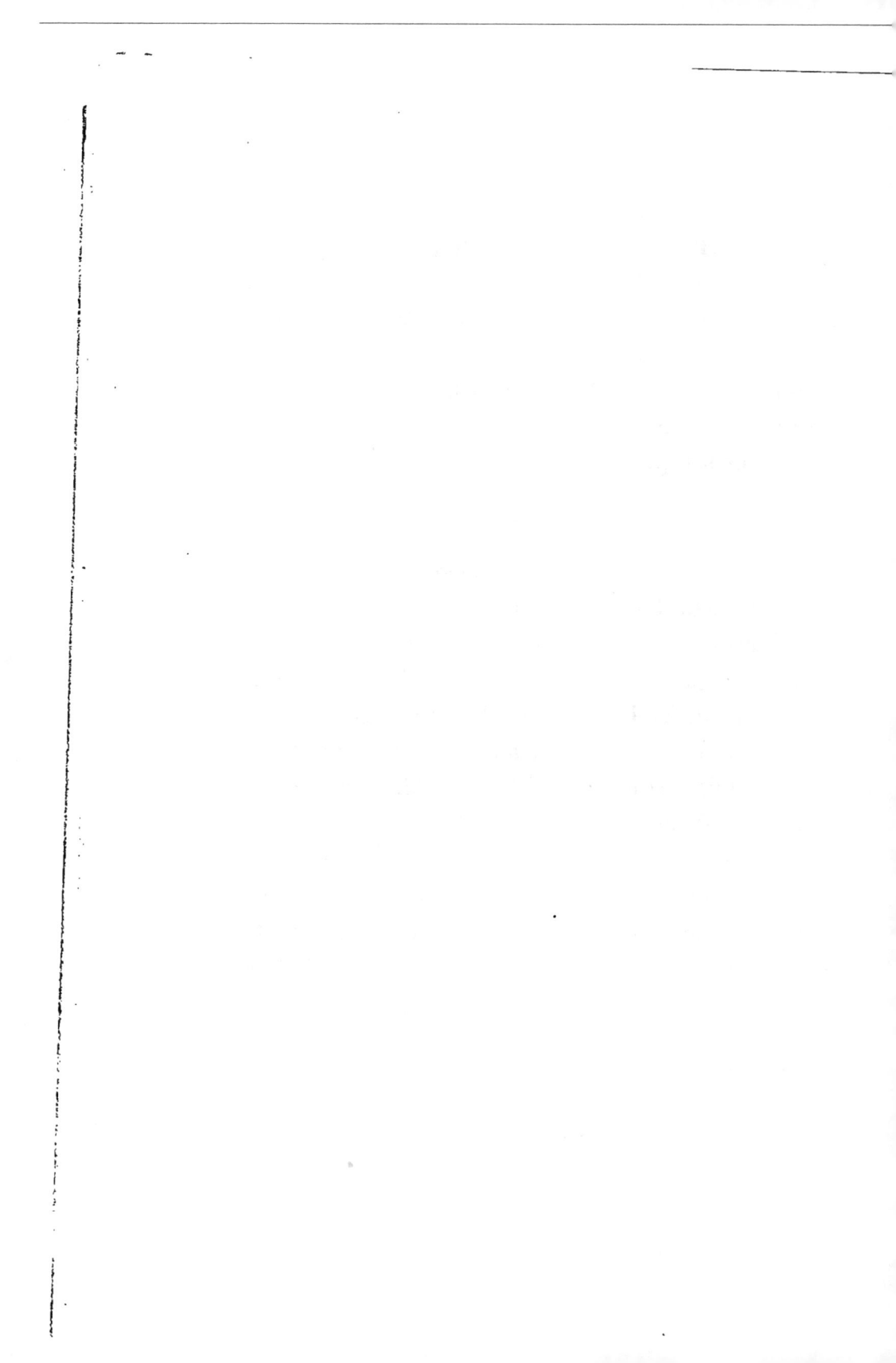

# LE CHATEAU DES HOGUES

Sur la commune de Saint-Léonard, canton de
Fécamp, existait le château des Hogues, forteresse
autrefois redoutable, et dont les débris offrent
aux yeux de l'archéologue les caractères des constructions du xv<sup>e</sup> siècle. Jadis, quatre tours énormes et monocylindriques flanquaient le corps du
bâtiment principal, édifié avec tous les moyens de
défense en usage au moyen-âge, et que des douves
profondes environnaient. Un pont-levis, pourvu à
l'entrée d'une poterne, était la seule voie donnant
accès dans le manoir. De tout cela il reste aujour-
d'hui fort peu de chose ; depuis plus de 200 ans,

la sombre splendeur du château des Hogues a disparu à tout jamais sous les efforts du temps.

Le manoir, dont on voit aujourd'hui les restes, en avait remplacé un autre, bâti du temps de Guillaume-le-Conquérant. Dans le douzième siècle, il était le chef-lieu d'une puissante baronnie qu'Henri II, roi d'Angleterre, donna à l'Abbaye de Fécamp par suite d'un fait assez curieux que nous allons faire connaître.

Une châtelaine des Hogues, contemporaine de Henri II, roi d'Angleterre, et veuve d'un chevalier félon, tué dans un combat judiciaire, attirait sur elle l'attention et le mépris de tout le pays par sa conduite scandaleuse et ses débordements effrénés. Son château était devenu le rendez-vous des débauchés de la contrée, et les jours et les nuits s'y passaient dans d'effroyables orgies. Les nuits d'hiver surtout, le vieux manoir, au dire de la tradition, était témoin d'horreurs et de crimes que la plume de l'histoire n'aurait pu enregistrer sans honte. Lorsque le villageois attardé apercevait dans les ténèbres le château des Hogues étincelant de lumières et d'où partaient tantôt des chants libertins et des clameurs de joie, tantôt des plaintes, des gémissements ou les cris suprêmes de l'agonie, il s'éloignait au plus vite en faisant le signe de la croix et se dérobait à la vue de ce lieu sur lequel devait planer la malédiction du ciel.

Espèce de Marguerite de Bourgogne, figurée en traits hideux dans le célèbre drame de *la Tour de Nesle*, la dame des Hogues faisait venir dans son château les jeunes gens du pays et les renvoyait ensuite à leurs chaumières, mutilés et le désespoir au cœur, lorsqu'elle ne leur avait pas réservé un sort plus horrible.

Souvent on trouva au pied des falaises d'Yport des cadavres, des débris humains coupés à coup de hache ; c'étaient les tristes débris des orgies sanglantes de la dame des Hogues. Pour obtenir le silence sur ce qui s'était passé dans le manoir, la terrible Messaline livrait impitoyablement à la mort les malheureux qui en avaient franchi le seuil, et après les avoir poignardés ou mis en pièces, elle les envoyait jeter dans la mer, du haut des falaises.

En ce temps-là, que les chroniqueurs ont appelé, nous ne savons trop pourquoi, *le bon vieux temps*, vivait un abbé de Fécamp, nommé Henri de Soullay, neveu du roi d'Angleterre. Beau, bien fait, d'un caractère doux et aimable, le noble abbé eut le malheur de fixer l'attention de la dame des Hogues. Un soir, il s'était rendu à Saint-Léonard pour régler avec le prieur de ce lieu quelques intérêts temporels. Comme il retournait à Fécamp, une troupe de cavaliers masqués l'enleva et le transporta au château des Hogues.

La tradition laisse sous le voile les faits qui se passèrent cette nuit-là dans le manoir maudit ; elle raconte seulement qu'au point du jour on trouva le saint abbé presque mort à la porte du château. Recueilli par des villageois, il fut ramené à Fécamp, où le roi d'Angleterre, averti de ce qui s'était passé, envoya aussitôt son propre médecin.

Malgré tous les efforts de la science et les meilleurs soins, Henri de Soullay passa de vie à trépas, succombant, dit la chronique, moins aux suites des mauvais traitements qu'il avait subi qu'à la douleur et à la honte causés par ce qu'il avait vu et entendu pendant l'épouvantable nuit passée dans la forteresse des Hogues.

La conduite criminelle de la châtelaine reçut bientôt un châtiment éclatant. Henri II, roi d'Angleterre, la fit arrêter, et après une instruction judiciaire, faite à la hâte, elle fut brûlée vive sur la place de Fécamp, devant l'Abbaye. Le roi confisqua en outre le château des Hogues et le bois de huit cents acres qui en dépendait, et en fit don aux religieux de Fécamp, à la condition qu'ils prieraient pour le repos de l'âme de son infortuné neveu Henry de Soullay et de celles des nombreuses victimes que la dame des Hogues avait sacrifiées à ses désordres.

Telle est la légende attachée au château des Hogues. Bien que plus de sept siècles nous séparent de l'époque à laquelle vivait l'infâme châtelaine, le souvenir de ses forfaits vit encore exécré et maudit au foyer villageois et dans la tradition.

———

La forêt des Hogues ainsi que tout le territoire qui en dépendait, dit la Charte de donation dont parle M^me E. de Busserolle, s'étendait depuis Vattetot jusqu'à Crichebot (Criquebeuf), et depuis le pommier du Mole jusqu'à la mare qui avoisinait les territoires de Froberville (*Herurwevilla*) et de Maupertuis (*Malptus*), en prenant pour limite le fossé du parc creusé par les ordres de Henri de Suilli ou Soullay, abbé de Fécamp. (1)

Cette charte fut immédiatement suivie d'une autre, qui ferait croire que dans ce temps personne ne pouvait établir une garenne sans le consente-

(1) Histoire de la ville et de l'abbaye de Fécamp, par M. Fallue.

ment royal : Henry II permet à l'abbé de Suill
d'en faire une sur un fief situé à deux milles de
Fécamp ; et comme l'Abbaye tenait beaucoup à
la conservation de son gibier, le roi prononça une
amende de 10 livres, somme énorme pour ce
temps-là, contre ceux qui se permettraient de tuer
un lièvre, ou tout autre animal, sans l'autorisation de l'abbé.

En la même année (1154), Henri II, se trouvant
en Normandie, vint à Lillebonne pour assister à
un concile où siégeait l'abbé de Suilli. Il se dirigea de là sur Fécamp pour remplir un devoir de
piété filiale en faisant donner une sépulture plus
convenable à ses ancêtres, les deux Richards. qui.
par humilité, avaient désiré être inhumés dans un
lieu dont la simplicité n'était plus en harmonie
avec la splendeur actuelle de leur race. Les restes
de ces princes furent retirés de la chapelle de
saint Thomas, renfermés dans deux coffres de
plomb et placés sous le grand autel de l'Abbaye.

Cette cérémonie eut lieu en présence des évêques
de la province et des principaux seigneurs de Normandie et d'une foule de peuple que la curiosité
avait attirée sur les lieux.

A cette occasion il y eu grâces spirituelles accordées pour ceux qui, tous les ans, le **23 août**, visi-

teraient l'église de la Sainte-Trinité et priraient pour le salut des deux Richards. Henri II offrit, pour ce motif, des saufs-conduits à tous ses sujets d'Angleterre qui voudraient se rendre à Fécamp.

*Note de l'éditeur.*

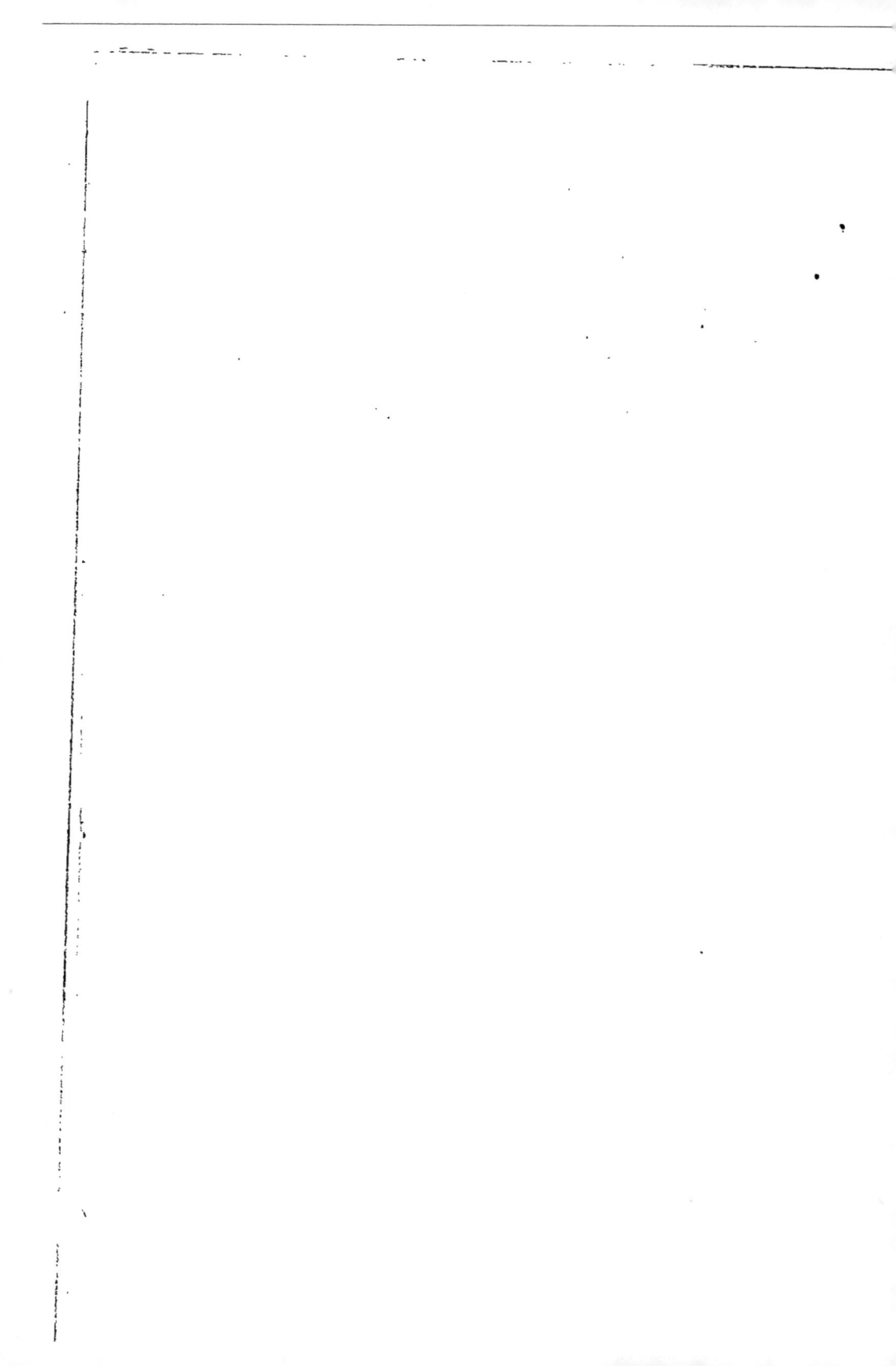

# LE CHATEAU ET LES SIRES D'ORCHER

Le château d'Orcher, autrefois bailliage de
Caux, est situé dans la commune de Gonfreville-
l'Orcher, canton de Montivilliers, arrondissement
du Havre. C'était, au temps de la féodalité, une
des meilleures forteresses échelonnées sur les
bords de la Seine et destinées à défendre l'entrée
du fleuve. Autrefois, ce domaine féodal, dont
l'existence est signalée dès le xi⁰ siècle par des
titres authentiques, portait les noms d'*Auvrecher*,
d'*Auvrechier* ou d'*Auvrèches*, qui, par corruption,
se sont changés en celui d'Orcher dans le cours
du xvii⁰ siècle. Le voisinage de retranchements

antiques et de camps romains permettent de supposer que les conquérants des Gaules eurent dans
ce lieu un *Castellum*. L'importance stratégique du
plateau d'Orcher, commandant l'embouchure de
la Seine et offrant toutes les facilités possibles
pour l'établissement d'une forteresse inexpugna-
ble, ne pouvait échapper aux Romains, qui, mieux
que tout autre peuple, surent apprécier la valeur
d'un point d'occupation et de défense. Cette hypo-
thèse trouve d'ailleurs un puissant appui dans une
tradition d'après laquelle le château aurait été
construit par les Normands, dans le ixe siècle,
sur les ruines d'une ancienne forteresse. Il ne serait pas impossible aussi que cette localité eut pris
le nom d'un chef de Normands, *Orcher*, qui fit
une incursion en Normandie en 851. Des recherches plus heureuses viendront sans doute justifier
ces deux assertions. En attendant, on peut toujours tenir pour certaine l'existence du château
d'Orcher dans le xie siècle. En 1096, il appartenait à deux frères du nom d'Angerville. Leurs
noms figurent dans la liste des nobles personnages qui suivirent Robert II, duc de Normandie, à
la conquête de la Palestine. Guillaume d'Angerville, sire d'Auvrecher, fut témoin, vers l'an 1440,
des donations faites par la princesse Mathilde.

fille de Henri, roi d'Angleterre, aux monastères de Saint-André-de-Gonffres et de Saint-Nicolas-d'Angers. Son successeur fut Robert d'Angerville, dont il est fait mention dans un titre du couvent de Notre-Dame-du-Vœu, en 1200. Vers cette époque, ses biens furent confisqués pour crime de félonie, mais on les lui restitua peu de temps après, à l'exception cependant du fief du Tillet que le roi de France donna au prieuré de Beaumont.

Guillaume d'Angerville, vraisemblablement fils de Robert, posséda Auvrecher sous le dernier duc de Normandie. C'est ce qui résulte d'un aveu rendu au roi Philippe-Auguste, après la réunion du duché de Normandie à la couronne de France.

Ce seigneur prenait dès 1205 les titres de maréchal et de sénéchal de Normandie. A partir de cette époque, la première de ces dignités devint, par suite d'une concession royale, héréditaire dans la maison d'Angerville, et fut attachée à la possession du fief d'Auvrecher.

Plusieurs fondations pieuses furent dues à la libéralité de Guillaume d'Angerville. Parmi les établissements religieux qu'il fonda, on cite les prieurés de Saint-Guinefort et de Notre-Dame-des-Bois ou du Bosc. La chapelle du château d'Auvrecher, placée sous le vocable de Sainte-Honorine, fit partie de la dotation du prieuré de Saint-Guinefort (1205.)

Louis et Thomas d'Angerville, fils de Guillaume, reçurent du roi Saint-Louis une *admonestation* pour se trouver en armes à Saint-Germain-en-Laye, l'an 1234, avec le chambellan de Tancarville et les cinq évêques de Normandie. Ces deux chevaliers sont encore mentionnés dans un acte de 1242.

En 1324, le roi de France ayant appris que les Anglais se disposaient à faire une descente sur les côtes de Normandie, Jean d'Angerville, sire d'Auvrecher, fut chargé du commandement du Mont-Saint-Michel. Guillaume, sire d'Auvrecher, fils de Jean, maréchal héréditaire de Normandie, fit don de plusieurs pièces de terre au prieuré de Notre-Dame-des-Bois, près Harfleur, en 1342. Ce Guillaume eut pour fils et successeur Robert, sire d'Auvrecher, qui vendit cette terre en 1386 à Philippe de Harcourt. Celui-ci, en vertu de son contrat d'acquisition, et comme propriétaire d'Auvrecher, prit le titre de maréchal héréditaire de Normandie; mais la terre d'Auvrecher, au moyen d'une seconde vente, revint, vers 1389, dans la maison d'Angerville, représentée alors par Jean, l'un des trois commandants établis sur les côtes de Normandie par Charles VI. Un procès qu'il eut en 1390 avec Olivier du Guesclin, comte de Longueville, et Guillaume, vicomte de Blosseville, au sujet de la possession de la terre d'Auvrecher, se termina par un jugement rendu en sa faveur. Il mourut en 1400 ou 1401.

En 1415, Jean d'Angerville, maréchal héréditaire de Normandie, possédait Auvrecher. Le château, réparé par ses soins, tomba aux mains des Anglais après un siége de plusieurs mois. A la tête de 400 hommes d'armes, il essaya de le reprendre en 1416. Cette tentative, qui demeura infructueuse, donna lieu à un terrible combat, près de l'église de Gonfreville : 100 Français et plus de 300 Anglais restèrent sur la place ; Jean d'Angerville tua de sa propre main le gouverneur d'Auvrecher. Le roi d'Angleterre, plein d'admiration pour la valeur que son intrépide ennemi avait déployé dans cette circonstance, ordonna que son château lui fut rendu. Mais en 1423, à la suite d'un refus de foi et hommage, il confisqua la terre d'Auvrecher et en fit don à Jacques d'Angerville, frère de Jean.

A la mort de Jacques d'Angerville, arrivée le 21 octobre 1428, Jacqueline d'Auvrecher, sa fille, porta cette terre dans la maison de Crespin, par son mariage avec Guillaume Crespin IX, seigneur de Mauny, dont le successeur fut Jean Crespin, seigneur de Mauny et du Bec-Crespin. Ce dernier fit hommage au roi de la terre d'Auvrecher en 1450. Dans ses lettres d'aveu on le qualifie *maréchal héréditaire de Normandie, grand maistre enquesteur général, réformateur des eaux et foréts du roi au duché de Normandie et païs de Picardie.* Il mourut en 1453 sans laisser d'enfants. Sa succession, dans laquelle était compris Auvrecher, échut à son frère Antoine Crespin, évêque et duc de Laon, pair de France, abbé commandataire de Jumiéges, ce prélat mourut le 15 octobre 1472 et fut enterré dans l'église des dominicains de Rouen.

Vers 1454, Jeanne Crespin avait reçu, en don de son frère l'archevêque de Narbonne, la terre d'Auvrecher, qu'elle porta dans la maison de Brézé, représentée en 1455 par Pierre de Brézé, baron de Maulévrier. Fait assez remarquable, cette dame eût le commandement du château de Rouen sous le roi Louis XI. Il paraît du reste que ce capitaine en jupons maniait l'épée comme un preux chevalier. Dans une rencontre d'honneur qu'elle eut sous les murs de Rouen avec un officier écossais, de la garde du roi, elle reçut une blessure et tua son adversaire. Pierre de Brézé II,

son mari, seigneur d'Auvrecher, était grand-sénéchal d'Anjou, de Poitou et de Normandie et chevalier du roi de Sicile. Après que l'amiral de
Coëtivy eût été banni de la Cour en 1444, il prit
part au gouvernement de l'État et fut l'un des
principaux chefs des troupes que le roi mena en
Lorraine cette année-là. En 1447, il se trouva au
siége de la ville du Mans. Plusieurs seigneurs,
après la prise de cette place, l'accusèrent de mal-
versation dans la part qu'il avait eue aux affaires
du royaume. Exilé de la Cour pendant quelque
temps et privé de ses charges, il rentra en grâce
en 1449, et suivit le roi à toutes les conquêtes
qu'il fit en Normandie. Pierre de Brézé prit une
part des plus glorieuses à la réduction des villes
de Conches, de Vernon, du Pont-de-l'Arche, de
Verneuil, de Mantes, de Pont-Audemer et de
Rouen. Il se couvrit de gloire à la bataille de
Formigny en 1450. Le roi, pour le récompenser
de ses services, lui donna la charge de grand-sénéchal et réformateur du pays de Normandie. Au
mois d'août 1457, il passa en Angleterre avec
4,000 hommes d'armes et y prit la ville de
Sandwich, où il fit un grand butin. Après la mort
du roi Charles VII, Louis XI le constitua prisonnier au château de Loches, en Touraine.

Pour en sortir, il dut promettre d'aller en Sicile servir le duc d'Anjou, et consentir au mariage de son fils avec Charlotte, bâtarde de
France, fille naturelle de Charles VII. Il fut tué à
la journée de Montlhéry, le 17 juillet 1465. Jacques de Brézé, fils de Pierre, comte de Maulévrier,
maréchal et grand-sénéchal de Normandie, rendit
hommage au roi pour la terre d'Auvrecher en
août 1465. Dans la nuit du samedi au dimanche
16 juin 1470, il surprit sa femme en adultère avec
Pierre de la Vergue. son veneur, et la poignarda.
Poursuivi en justice pour ce fait, il fut condamné
à une amende de 100,000 écus, pour le paiement
desquels il dut abandonner toutes ses terres au
roi Louis XI, qui posséda ainsi la terre d'Auvrecher jusqu'en 1485, époque de sa mort. Jacques
de Brézé se pourvut alors au parlement contre ce
qui avait été fait. et obtint un arrêt qui le remit
en possession de ses terres, y compris celle d'Auvrecher. Il mourut à Nogent-le-Roy le 14 août
1494, laissant la terre d'Auvrecher à Pierre de
Brézé, comte de Maulévrier, son fils ainé, qui
mourut sans enfants vers 1500. Pierre de Brézé,
un des frères de ce dernier, hérita de la terre
d'Auvrecher. Dans un acte de l'échiquier de Normandie. on le qualifia seigneur d'Auvrecher, de

Planes et de Plainbosc, maréchal héréditaire de Normandie. Son fils, Louis de Brézé, fut évêque de Meaux et grand-aumônier de France ; sa fille, Françoise de Brézé, épousa Gilles Le Roy, seigneur du Chillou, et qui, par ce mariage, devint seigneur d'Auvrecher (1519). Gilles Le Roy mourut vers 1530 et sa femme en 1539.

Jean de Moy, chevalier, seigneur de la Maille_raye, Gouville, Clarville, etc., chevalier de l'ordre du roi, lieutenant-général en Normandie et vice-amiral de France, devint propriétaire d'Auvrecher en 1539. Il vendit cette terre, le 11 février 1574, à Guillaume Auber, bourgeois de Rouen, qui, lui-même, la céda quelques années après à un membre de la famille Potier de Novion. Cette maison a fourni plusieurs hommes illustres, entr'autres Lous Potier, seigneur de Gesvres, secrétaire d'État, mort en 1624, et Léon Potier, abbé de Bernay, cardinal, archevêque de Bourges en 1694.

L'ancien château d'Orcher a été remplacé par une construction où l'on ne trouve rien de remarquable sous le rapport des arts. Néanmoins, ce domaine reçoit chaque jour un grand nombre de visiteurs qui viennent plutôt pour admirer le magnifique panorama dont on jouit du haut du plateau d'Orcher que pour chercher dans les ruines du vieux manoir féodal les traces et les souvenirs d'une splendeur disparue depuis longtemps.

# ABBAYE DE LA SAINTE-TRINITÉ

## DE FÉCAMP

SES PRIVILÉGES ; — SES REVENUS ; — CHRONOLOGIE
HISTORIQUE ET ARMORIAL DE SES ABBÉS
ARMOIRIES DE L'ABBAYE

———

Fondée en 664, l'abbaye de Fécamp fut occupée
par des religieuses et ensuite par des chanoines
jusqu'au commencement du XIᵉ siècle.

A cette époque, Richard II, duc des Normands,
pour se conformer aux dernières volontés de son
père, Richard Iᵉʳ, établit dans ce monastère des
moines de Saint-Benoit qu'il plaça sous la direction
de Guillaume de Dijon, religieux de cet ordre.

A partir de Guillaume Ier, abbé de Fécamp en l'an 1000 jusqu'en 1792, année dans laquelle tous les établissements monastiques de France furent fermés, on compte 46 abbés. (1) Parmi eux il y en eut qui n'eurent pour tout droit à l'attention des historiens que leurs vertus cénobitiques et la sainteté de leur vie écoulée sans bruit dans le mystère du cloître ; d'autres, et ce fut le plus grand nombre, portèrent des noms célèbres, furent revêtus des plus hautes dignités civiles et religieuses et figurèrent dans nos grandes scènes politiques.

L'histoire de ces différents personnages, quelle qu'ait été d'ailleurs leur position dans la société, humble ou élevée, est liée intimement à celle de l'abbaye, dont ils eurent l'administration et les bénéfices ; leur vie privée et publique appartient aux annales de ce monastère, non pas seulement à cause de leur titre d'abbés, mais parce que leurs vertus ou leurs vices, leur caractère, leur naissance, leurs relations, exercèrent une grande influence sur ses destinées, et aussi parce que l'éclat des noms et des dignités de grand nombre d'entre eux, contribua à son illustration.

(1) Les listes des abbés de Fécamp publiées jusqu'ici ne comprennent que 42 noms.

Quelques-uns des ouvrages publiés jusqu'ici sur l'abbaye de Fécamp, offrent des erreurs de date très-grandes et des lacunes d'autant plus regrettables, qu'elles proviennent d'écrivains justement estimés d'ailleurs. D'autres présentent sur les abbés de ce monastère, des renseignements biographiques fort intéressants sans doute, mais qui, jetés au milieu de documents d'une nature toute différente et d'un intérêt purement général, passent pour ainsi dire inaperçus, et sont sans valeur précise.

Pour remédier à cet état de choses, nous avons dressé une nouvelle chronologie des abbés de Fécamp, galerie historique où chaque personnage aura dans un cadre particulier le sommaire des renseignements biographiques qui le concernent. Ce mode nous a paru le plus propre à les faire connaître et à montrer la part qui leur revient dans l'histoire de l'Abbaye. Ce travail accompli à l'aide des recherches de nos devanciers, et après de longues investigations dans les richesses manuscrites et imprimées de la bibliothèque de Rouen, complètera ce qui a été dit sur ce sujet et ajoutera à l'intérêt dont l'antique monastère de Fécamp est l'objet dans le monde savant.

Un autre point négligé jusqu'alors par les ouvrages relatifs à l'abbaye de Fécamp a attiré d'une manière spéciale notre attention. Nous voulons parler des armoiries de l'Abbaye et des abbés.

Les progrès de la science archéologique ont appris à connaître la valeur des documents héraldiques. Longtemps on les avait considérés comme des hochets ridicules de la vanité et des futilités indignes des égards de l'historien. L'expérience et la raison ont, de nos jours, triomphé de ce préjugé; on a vu enfin dans l'étude des armoiries un puissant auxiliaire de l'archéologie; il a été reconnu que souvent elle jetait sur un point d'histoire, sur la date d'une église, sur l'origine d'un tombeau, d'un vitrail, sur la fondation d'un château, une vive lumière demandée en vain aux monuments écrits. Dans le cours de nos études historiques nous avons eu plus d'une fois à reconnaître l'importance et la valeur du langage symbolique des armoiries ; c'est parce que nous sommes profondément convaincu de l'utilité de ce genre de document que nous avons recueilli avec soin les blasons des abbés de Fécamp pour en donner la description à la la suite de leurs notices.

Avant de passer à la chronologie des abbés, on ne lira pas sans intérêt quelques détails sur les revenus, les priviléges et la puissance temporelle du monastère de Fécamp.

FORTUNE ET PRIVILÉGES DE L'ABBAYE DE FÉCAMP.

L'abbaye de Fécamp occupait le premier rang parmi les établissements religieux de France, plus en raison de son immense fortune qu'à cause de ses priviléges qui, cependant, avaient une certaine importance. (1)

Le principal de ses priviléges consistait dans l'exemption de la juridiction épiscopale ; elle relevait directement, au temporel, des ducs de Normandie, auxquels se substituèrent les rois de France, et au spirituel, de la cour de Rome. Ce fut Guillaume de Dijon, son premier abbé, qui obtint cette dernière faveur de Robert, archevêque

(1) Le monastère de Fécamp était le plus riche des établissements religieux de la Normandie. Après lui venait l'abbaye du Bec, dont le revenu s'élevait au chiffre de 60,000 livres. L'abbaye de Saint-Ouen avait 35,000 livres de rentes ; celle de Jumiéges, 23,000 livres ; Saint-Wandrille, 22,000 ; Saint - Georges - de - Boscherville, 13,000. Les dix-neuf couvents du diocèse de Rouen, de nomination royale, donnaient ensemble un revenu total de 400,000 livres environ.

*Note de l'éditeur*

de Rouen, son frère, et des évêques de la province, au commencement du xⁱᵉ siècle : la concession en fut ratifiée par le pape Benoist VIII et par le roi Robert, le 29 juin 1006.

L'exemption de Fécamp fut vivement attaquée vers la fin du xvııᵉ siècle ; François Rouxel de Medavy, archevêque de Rouen, entama à ce sujet une longue et persévérante procédure qui se termina par un arrêt conforme à ses désirs.

Les abbés de ce monastère avaient le droit de porter la mitre comme les évêques, de même que l'anneau, les sandales, la tunique, la dalmatique, et autres insignes pontificaux. Ce droit, résultant d'une concession du pape Boniface VIII, fut confirmé par le pape Célestin III, en 1196. Un peu plus tard, les abbés eurent le pouvoir de conférer à leurs novices les ordres mineurs ; c'est ce que nous apprend une bulle d'Honoré III, pape en 1221.

La fortune du monastère de Fécamp était considérable, comme nous l'avons dit. Dès sa fondation, ou plutôt dès sa transformation d'église collégiale en abbaye de bénédictins, en l'an 1000, il possédait des biens immenses, dûs à la générosité des ducs des Normands et de leurs feudataires. Nous voyons par un inventaire fait au milieu du xⁱᵉ siècle, qu'il avait à cette époque entre autres propriétés foncières, l'abbaye de Saint-Gervais, de Rouen, la ville de Troarn, les forêts de Fécamp, d'*Extandala*, d'Oudalles et d'Argences, les châteaux de Veules, de Sainte-Colombe et de Fontaine-Bérenger, les bourgs d'Aizier, d'Herchinville-sur-Mer, de Sainte-Croix, les églises de Blosseville, d'Houdetot, de Saint-Étienne-de-Portjoie, de Neuville, de Poville, de Barentin, d'Almenesches, d'Argences, de Butes, etc.... Ces richesses s'accrurent dans la suite d'une partie des dépouilles des Templiers et des dons de quelques seigneurs du pays.}

Au xviie siècle, les bénéfices ecclésiastiques de l'abbaye de Fécamp se composaient de douze prieurés et de trente-huit églises, situés dans le diocèse de Rouen, et en outre, de douze établissements religieux, dans les diocèses de Bayeux, de Lisieux et en Angleterre. L'abbé jouissait aussi des droits de patronage dans soixante-douze prieurés, chapelles et églises, dont quarante-deux du diocèse de Rouen et trente appartenant aux diocèses d'Évreux, de Coutances, de Bayeux, de Lisieux et de Beauvais.

En 1669, les propriétés territoriales de l'Abbaye furent données en ferme générale moyennant 64,000 livres par an. Ce chiffre, réuni au total des bénéfi-

4.

ces provenant des églises lui appartenant et au produit des dîmes, des droits de chasse et de pêche, de greffe, de sceau et de tabellionage, formait un revenu net de 160,197 livres. Sur cette somme il y avait à prélever 24,000 livres, montant de la taxe en cour de Rome, de sorte qu'il restait au couvent 136,197 livres, dont la plus grande partie passait dans les mains de l'abbé qui s'en servait pour ses besoins personnels.

Telle était, d'après des documents authentiques, la situation de fortune de l'abbaye de Fécamp lorsqu'elle fut supprimée en 1792.

# CHRNOLOGIE HISTORIQUE DES ABBÉS

## DE FÉCAMP

### PREMIER ABBÉ

#### 1000 — 1034.

Guillaume, premier abbé de Fécamp, surnommé *de Dijon*, parce qu'il avait été abbé du monastère de Saint-Benigne de Dijon, était du sang des rois de Lombardie. Il vint à Fécamp, en l'an 1000, sur les instantes prières de Richard II, duc de Normandie, pour y établir l'observance de Saint-Benoît. Ce fut à son influence, à son zèle et à l'éclat de sa sainteté que le nouvel établissement dut la plus grande partie des priviléges et des richesses qui assurèrent sa prospérité. Toutes les chroniques où il est question de ce religieux, s'accordent à louer son caractère, ses vertus et ses hautes capacités administratives. Il mourut à Fécamp au retour d'un voyage en Italie, le 1er janvier 1031, à l'âge de 70 ans, et fut enterré dans son abbaye.

Dans le xvııe siècle, les restes mortels du premier abbé de Fécamp furent exhumés pour être placés parmi les reliques conservées dans le trésor de l'Abbaye.

Un nouveau tombeau fut élevé dans le même temps à sa mémoire, et à l'épitaphe primitive on en substitua une de la composition de Guillaume Fillastre, religieux du monastère (1680). Quelques années après, le prince de Guise, abbé commandataire de Fécamp, fit transporter une partie des reliques du saint à Dijon, où elles furent placées dans l'église abbatiale de Saint-Bénigne.

ARMOIRIES.

Guillaume de Dijon portait : *de gueules au lion d'or, lampassé et armé de sable.*

## DEUXIÈME ABBÉ

### 1034 — 1080.

Deux ans avant sa mort, Guillaume de Dijon avait choisi pour lui succéder Jean d'Alix, dit le *Petit-Jean,* ce qui fut agréé par Robert, duc de Normandie. Jean d'Alix était italien ; son père s'appelait Guy, et Hardouin, roi d'Italie, était son oncle. De même que son prédécesseur, il se distingua autant par ses vertus monastiques que par sa science et la sagesse de son administration. L'annexion des monastères de Saint-Taurin d'Évreux, de Bernay et de Sainte-Berthe de Blangy aux bénéfices de l'abbaye de Fécamp, eut lieu de son temps. Il entreprit, vers 1035, avec Richard de Chaumont, un pèlerinage à Jérusalem qui ne fut pas heureux. Étant tombé aux mains des infidèles, il subit une dure captivité et tous les outrages que les ennemis de la croix prodiguaient aux chrétiens devenus leurs prisonniers. Sorti de prison au moyen d'une forte rançon, il revint à Fécamp, où il s'attacha à maintenir ses religieux dans une exacte observance de la règle de l'ordre. Sa mort arriva le 22 février 1080. Peu d'années auparavant, il avait été nommé légat du saint-siége en France. Il fut enterré dans la chapelle de Saint-Pierre, depuis celle de Saint-Jean-Baptiste.

La chronique de Saint-Lô de Rouen le place au nombre des bienheureux.

### ARMOIRIES.

Jean d'Alix portait : *de gueules à la bande ondée d'argent, accompagnée de six merlettes de même mises en orle.*

## TROISIÈME ABBÉ

### 1080 — 1107.

Guillaume de Ros, surnommé *La Pucelle*, religieux de l'abbaye de Saint-Étienne de Caen, né à Ros, près Bayeux, fut nommé abbé de Fécamp par Guillaume-le-Conquérant, dont il était l'ami. « Il serait difficile, dit une chronique, d'exprimer « l'estime qu'on faisait de cet illustre abbé ; il « était doux, humble, dévot, charitable envers les « pauvres, libéral et magnifique ; en un mot, il

« avait toutes les vertus en partage. » En 1088, il obtint pour son abbaye la restitution des biens que Guillaume-le-Conquérant, dans un mouvement de colère, lui avait enlevés.

L'année suivante, sous un prétexte futile, l'archevêque de Rouen ayant interdit le monastère de Fécamp, Guillaume de Ros alla trouver le pape Urbain, et fit priver l'archevêque du *pallium* pour le punir de ses injustices. Par les soins de cet abbé, le sanctuaire de l'église abbatiale de Fécamp fut exhaussé, et on éleva un nouvel autel principal qui fut consacré par l'archevêque de Rouen et quatre autres prélats en 1099.

L'abbé Guillaume mourut en o leur de sainteté, à son retour du concile de Lisieux, le 26 mars 1107, et fut enterré dans la chapelle de Notre-Dame qu'il avait fait construire.

La ville de Fécamp lui dut la fondation d'une léproserie pour les malheureux pèlerins de terre sainte. Les biens provenant de cette fondation ont été affectés plus tard à l'hôpital de Fécamp. Au dire d'un ancien chroniqueur, le même abbé aurait fait venir à grands frais de Jérusalem, pour être déposé dans les reliquaires de l'abbaye de Fécamp, « un os du bras de saint Blaise, du bois de la vraie croix et du lait de la sainte Vierge. »

ARMOIRIES.

Guillaume de Ros portait : *de gueules à une croix, les trois premières branches fleurdelisées, et la quatrième, pommetée d'or; ladite croix accompagnée de quatre trèfles d'argent.*

# QUATRIÈME ABBÉ

## 1107 — 1139.

Roger d'Argences, issu d'une noble famille de Normandie, fut ordonné prêtre le jour de Saint-Thomas, de l'an 1107, et le lendemain, il prit possession du monastère de Fécamp en qualité d'abbé. « Le monastère de Fécamp, dit une chronique, « avait besoin d'un pasteur aussi sage et aussi « prudent que Roger ; tout était en combustion « par la révolte des sujets du duc de Normandie. « Si, d'un côté, il consolait le prince, s'il arrêtait « les justes mouvements de sa colère contre son « peuple, de l'autre côté il adoucissait l'esprit des « révoltés ; et il se comporta partout avec tant de « prudence et de discrétion, qu'il était aimé et « respecté de tous. Il maintint cependant, parmi « tous ces troubles, les religieux de son monas- « tère dans l'étroite observance de la sainte règle.»

Sous l'administration de Roger d'Argences, l'abbaye de Fécamp comptait plus de trois cents religieux. L'église abbatiale jouissait d'une grande célébrité en raison de ses richesses. Au dire de la chronique de Balderich, évêque de Dol, elle offrait une magnificence vraiment royale. Les charpentes étaient entièrement couvertes en plomb, l'intérieur resplendissait d'or et d'argent, et on y voyait un orgue magnifique que l'abbé Roger avait fait venir d'Italie.

Roger d'Argences assista aux conciles de Rouen en 1118 et 1128. Il mourut le **22** mars 1139 et fut enterré dans l'Abbaye, près de l'autel dédié à Saint-Martin.

### ARMOIRIES.

Roger d'Argences portait : *de gueules à la fleur de lis d'argent.*

## CINQUIÈME ABBÉ

1139 — 1188.

Orderic Vital place la nomination d'Henri de Sully, 5e abbé de Fécamp, en 1140 ; *la chronique de Normandie* dit qu'elle eut lieu en 1139.

Henri de Sully était cousin germain de Henri II.

roi d'Angleterre. Sa haute naissance fut utile à l'abbaye de Fécamp ; à sa prière, peu de temps après son installation, le pape Innocent II confirma les priviléges d'exemption du monastère, relativement à un certain nombre d'églises dont les archevêques de Rouen lui avaient cédé le patronage.

Par les soins de cet abbé, l'église abbatiale et les bâtiments claustraux reçurent de notables agrandissements ; mais ces travaux étaient à peine achevés, qu'ils furent presque entièrement détruits par un incendie (9 mai 1168). Ce désastre amena la découverte, dans un pilier de l'église, de la relique du Précieux-Sang que Richard Ier y avait fait enfermer.

Henri de Sully, dans l'espace d'une année, reconstruisit l'église et les habitations ; il employa à ces travaux une grosse somme d'argent qu'il avait reçu à titre de don de Henri II, roi d'Angleterre. Un peu plus tard, le monarque anglais, pour réparer complètement les pertes qui avaient atteint le monastère de Fécamp par suite de l'incendie de l'église et des bâtiments contigus, lui donna la forêt des Hogues et tout le territoire compris entre Vattetot et Criquebœuf.

La mort de Henri de Sully arriva le 10 janvier

5.

1188. Il fut inhumé dans la chapelle de Saint-Pierre.

Henri de Sully portait : *d'azur, semé de molettes d'éperon d'or au lion de même sur le tout.*

## SIXIÈME ABBÉ

### 1188 — 1219.

Raoul d'Argences, élu 6e abbé de Fécamp après Henri de Sully, était de la même famille que Roger d'Argences, dont nous avons parlé plus haut. Peu de temps après sa nomination, il fit ajouter trois arcades à la nef de l'église abbatiale et construire le portail et deux tours latérales. Vers 1196, le pape Célestin III confirma les priviléges du monastère et l'usage pour l'abbé, de la mitre, de l'anneau, des sandales et autres ornements épiscopaux. Il ratifia, l'année suivante, les donations que Raoul d'Argences venait de faire à son abbaye et qui comprenaient la chapelle de Rie et ses dépendances. la moitié de la terre du Bret. et les droits de la foire de la ville et du port de Rie. Grâce à l'influence de cet abbé et à ses bonnes relations avec les seigneurs du pays, l'Abbaye reçut sous son administration un grand nombre de donations, parmi lesquelles on remarque celle des droits sur le port de Saint-Valery-en-Caux, faite par Robert de Néville ; celle de la terre du Val-aux-Clercs, due à Nicolas Parmentier, et celle du fief de Grainval, faite par Pierre de Criquebœuf.

Raoul d'Argences mourut le 6 septembre 1219 ; ses restes mortels furent déposés dans la chapelle de Saint-Taurin, aujourd'hui de Saint-Benoit.

### ARMOIRIES.

Raoul d'Argences portait : *de gueules à la fleur de lis d'argent.*

# SEPTIÈME ABBÉ

## 1219 — 1222.

Richard d'Argences, neveu de Raoul, était archidiacre de Fécamp lorsqu'il fut élu abbé. Jusque là, les ducs de Normandie s'étaient attribués le droit de conférer cette dignité ; ils y renoncèrent en faveur de Richard, qui fut le premier abbé de Fécamp, nommé par voie d'élection. Aucun fait important ne signala son administration, si ce n'est une nouvelle confirmation des priviléges de l'Abbaye par le pape Honoré III. Une charte nous apprend qu'à cette époque, le monastère possédait un hôpital à Veules.

La mort de Richard d'Argences arriva le 18 septembre 1222. Il fut inhumé dans la chapelle Saint-Nicolas, du côté de l'épitre dans la muraille.

### ARMOIRIES.

Richard d'Argences portait : *de gueules à la fleur de lis d'argent*

## HUITIÈME ABBÉ

### 1222 — 1227.

Richard de Paluel ou Palluau, dit *Morin*, fut élu abbé de Fécamp en 1222. Sous son administration, se termina le différend existant depuis nombre d'années entre la communauté et celles de Saint-Lenfroi et de Saint-Taurin d'Évreux au sujet de l'élection des abbés de Fécamp, à laquelle les abbés de ces deux derniers monastères prétendaient concourir. Ils furent déboutés de leur demande par le pape Honoré III en 1224.

Décédé le **17** août 1227, Richard II fut enterré dans la chapelle de Saint-Martin.

ARMOIRIES.

Richard de Paluel portait : *d'or, au chevron de gueules, accompagné de trois aubisoings d'azur, la queue de sinople, 2, 1*.

## NEUVIÈME ABBÉ

1227 — 1259.

On a dit que Richard de Paluel avait résigné son abbaye en faveur de Guillaume de Vaspail, prieur de Saint-Ouen de Rouen. Cette assertion est démentie par la *chronique manuscrite des abbés de Fécamp*. Guillaume de Vaspail fut élu abbé en 1227, et ce qui est hors de doute, c'est que sa haute position de cardinal romain et de légat du saint siége en France, contribua grandement à appeler sur lui les suffrages des moines électeurs.

Cet abbé fit un voyage à Rome, en compagnie de Pierre de Colmieu, archevêque de Rouen. Comme il opérait son retour sur les galères de Gênes, il fut fait prisonnier par celles de l'Empereur Frédéric. alors en guerre avec le Pape.

L'adresse d'un archidiacre de Bayeux, son compatriote, et les prières de Saint-Louis, le firent sortir, après quelques mois de captivité, de la prison de Naples, où on l'avait enfermé.

Revenu à Fécamp, Guillaume de Vaspail apporta certaines réformes dans le règlement de la communauté. Il mourut le 15 mai 1259, et eut sa sépulture dans la chapelle de Saint-André.

### ARMOIRIES.

Guillaume de Vaspail portait : *d'azur à trois bandes d'or.*

# DIXIÈME ABBÉ

## 1259 — 1284.

Richard de Trégos, originaire du diocèse de Coutances, succéda à Guillaume de Vaspail en 1259. Il acheta de Nicolas Hutot, seigneur d'Hugleville, les vallées de Vittefleur, de Paluel et de Veulettes, et créa le port de Claquedent. On lui attribue la construction de l'Hôtel-de-Ville actuel de Fécamp.

En 1277, il entreprit un pèlerinage à Jérusalem avec l'assentiment du pape Jean XXII qui choisit le nommé Jean de Paris, chanoine de Boulogne, pour administrer le monastère de Fécamp pendant l'absence de l'abbé de Trégos.

Richard de Trégas mourut à Fécamp le 17 septembre 1284, et fut inhumé dans la chapelle de la Vierge.

ARMOIRIES.

Richard de Trégos portait : *burelé d'argent et d'azur, à trois chapeaux de gueules, chacun cordonné de trois roses de même.*

## ONZIÈME ABBÉ

### 1284 — 1296.

Guillaume de Putot, élu abbé de Fécamp en remplacement de Richard de Trégos, l'an 1284, se rendit recommandable par sa piété, sa prudence et sa fermeté. Philippe le Bel, roi de France, ayant manifesté l'intention de retirer au monastère les droits de haute justice, concédés par les ducs de Normandie, le nouvel abbé fit si bien, que nonseulement le roi renonça à son projet, mais encore qu'il confirma ces droits et les étendit à toutes les propriétés du couvent.

L'abbé de Putot fit bâtir le château des Hogues

et plusieurs autres édifices importants dans les dépendances de l'Abbaye, qui lui fut redevable également des canaux destinés à amener l'eau de la
fontaine Gohier dans l'intérieur du cloître.

Sa mort arriva en 1296. Sur la tombe élevée à
sa mémoire dans la chapelle de Saint-André, il
était représenté de grandeur naturelle, couché et
vêtu pontificalement.

### ARMOIRIES.

Guillaume de Putot portait : *d'or à un croissant
d'azur, vêtu de même.*

## DOUZIÈME ABBÉ

### 1296 — 1308.

Thomas, dit de Saint-Benoit, natif du diocèse
de Coutances, fut élu abbé de Fécamp un mois
après la mort de Guillaume de Putot. Il fit élever
les chapelles et la tour du chœur, du côté droit de
l'église abbatiale, en 1300. En 1305, il assista au
concile provincial tenu à Déville, près Rouen.

Décédé le 3 septembre 1308, Thomas eut sa
sépulture dans la chapelle de Saint-Jean-Baptiste.

ARMOIRIES.

Thomas de Saint-Benoît portait : *de gueules à une bande échiquetée d'or et de pourpre, de trois traits accompagnés de deux lions d'argent.*

## TREIZIÈME ABBÉ

1308 — 1326.

Sous l'administration de Thomas de Saint-Benoît, la ferveur des religieux s'était considérablement refroidie, et l'inobservance de la règle avait donné lieu à quelques désordres. Robert de Putot, nommé abbé de Fécamp en octobre 1308, fit revivre la piété dans le monastère, et sa sévérité ne tarda pas à faire disparaitre les petits déréglements qui avaient pris naissance sous le gouvernement trop débonnaire de son prédécesseur. Cet abbé assista au synode de Rome en 1311 et au concile provincial du Pont-de-l'Arche en 1347 et à celui de Pontaudemer en 1321. Il mourut le 20 juin 1326 et fut enterré entre les chapelles de Saint-André et de Saint-Jean-Baptiste.

ARMOIRIES.

Robert de Putot portait : *d'or à un croissant d'azur, vêtu de même.*

## QUATORZIÈME ABBÉ

### 1326 — 1329.

Pierre Rogier de Roziers, originaire du Limousin, ancien religieux de la Chaise-Dieu, en Auvergne, fut élu abbé de Fécamp en 1326. Son grand mérite attira l'attention du roi de France, qui le désigna pour l'évêché d'Arras en 1329. Ce fut alors qu'il résigna son abbaye en faveur de Philippe de Bourgogne. Il devint ensuite garde des sceaux de France, archevêque de Sens, puis de Rouen, cardinal des titres des saints Nérée et Achille (18 septembre 1338) et enfin pape, sous le nom de Clément VI, le 7 mai 1342.

Sa mort arriva le 6 décembre 1352. Son corps fut porté à l'abbaye de la Chaise-Dieu.

Le portrait de Pierre Rogier se trouve dans *l'Histoire des Cardinaux français,* par F. Duchesne, page 492.

ARMOIRIES.

Pierre Rogier de Roziers portait : *d'argent à la bande d'azur, accompagnée de six roses de gueules, 3, 3.*

## QUINZIÈME ABBÉ

### 1329.

Philippe de Bourgogne, prieur de Longueville, avait été désigné par Pierre Rogier pour lui succéder dans la possession de l'abbaye de Fécamp, comme nous l'avons dit.

Cet abbé ne fut pas installé ; nommé dans le mois de mai 1329, il mourut au commencement de septembre de la même année et eut sa sépulture dans la chapelle de Saint-Taurin.

ARMOIRIES.

Philippe de Bourgogne portait : *bandé d'or et d'azur de six pièces, à la bordure de gueules.*

## SEIZIÈME ABBÉ

### 1329 — 1332.

Robert de Breschy, élu abbé de Fécamp après Philippe de Bourgogne, mit un peu d'ordre dans les affaires du couvent, dont les revenus avaient été gaspillés sous l'administration de Pierre Rogier et de son successeur. Il mourut le 5 août 1332 ; un tombeau lui fut élevé dans la chapelle de Saint-Taurin, vis-à-vis l'autel.

### ARMOIRIES.

Robert de Breschy portait : *de sinople, à trois jumelles d'argent, à la bordure engrelée de gueules.*

## DIX-SEPTIÈME ABBÉ

### 1332 — 1334.

Guillaume de Bourges ou du Bourguet, né à Caen, succéda à Robert de Breschy. « Tout était grand en lui, dit la *chronique de Fécamp,* sage, dévot, craignant Dieu et aimant beaucoup son ordre ; il se rendit aimable à tout le monde et gouverna son monastère dans le véritable esprit de Saint-Benoît. »

Sa mort arriva le 28 septembre 1334. Un tombeau lui fut élevé dans la chapelle de Saint-Taurin.

ARMOIRIES.

Guillaume Bourget portait : *d'azur au chevron d'or, accompagné de trois molettes d'argent*, 2, 1.

## DIX-HUITIÈME ABBÉ

1334 — 1343.

Élu abbé de Fécamp en 1334, Guillaume Chouquet, originaire de Bayeux, se distingua par sa science et ses vertus. Pour payer quelques dettes contractées par ses prédécesseurs, il vendit une forêt que le couvent possédait en Angleterre. Ce fut le seul acte important de son administration. Mort le 5 avril 1343, il eut sa sépulture dans la nef de l'église abbatiale.

ARMOIRIES.

Guillaume Chouquet portait : *facé d'argent et d'azur, au lion d'or brochant sur le tout.*

## DIX-NEUVIÈME ABBÉ

1343 — 1357.

Pierre Rogier, ancien abbé de Fécamp, et depuis pape sous le nom de Clément VI, choisit

Nicolas de Nanteuil pour succéder à Guillaume Chouquet.

L'administration de Nicolas de Nanteuil, déjà abbé de Saint-Médard de Soissons, fut marquée par de graves désordres auxquels, d'après les diverses *chroniques du monastère de Fécamp,* il aurait lui-même donné cause. Ainsi, il appliquait les revenus du monastère à ses besoins particuliers, et ne laissait pas même à ses religieux l'argent nécessaire pour subvenir aux premiers besoins de la vie. D'un autre côté, il ajouta à la rigueur du règlement de la maison, et prit des mesures tellement iniques et vexatoires, que les moines refusèrent ouvertement de lui obéir et de reconnaître son autorité.

Instruit de ce conflit regrettable, le pape Clément VI chargea l'évêque d'Avranches et les abbés de Saint-Requier et de Corneville d'ouvrir une enquête à ce sujet, et de rétablir la bonne harmonie entre l'abbé et ses religieux par tous les moyens possibles. Ceux-ci s'acquittèrent consciencieusement de leur mission ; mais tous leurs efforts, en présence de l'irritation des religieux, demeurèrent inutiles. Une anarchie pitoyable continua de régner dans le couvent jusqu'à la mort de

Nicolas de Nanteuil, arrivée en 1357. Cet abbé
fut enterré à Avignon.

Nicolas de Nanteuil portait : *de gueules à six
fleurs de lis d'or*, 3, 2, 1.

## VINGTIÈME ABBÉ

### 1357 — 1372.

Jean de la Grange, surnommé *de Bouchamage,*
issu d'une noble famille du Beaujolais, succéda à
Nicolas de Nanteuil en 1357. Il rétablit en peu de
temps l'union et l'observance de la règle dans
l'abbaye de Fécamp. Par ses soins, le monastère
reçut de notables agrandissements ; l'église fut
réparée et embellie et le couvent entier mis à
l'abri derrière de hautes murailles. Peu de temps
après son élection, les charges de ministre d'État
et de surintendant des finances lui furent confiées
par le roi Charles V. Il dut résigner son abbaye
lors de sa nomination à l'évêché d'Amiens en 1372.
Créé cardinal du titre de Saint-Marcelle en 1375,
et pourvu de l'évêché de Frascati en 1377, il mourut à Amiens le 24 avril 1402.

Le portrait de cet abbé se trouve dans l'histoire des cardinaux français, par F. Duchesne.

Jean de la Grange portait : *de gueules à trois merlettes d'argent, au franc quartier d'hermines.*

## VINGT-UNIÈME ABBÉ

### 1372 — 1381.

Le successeur de Jean de la Grange fut Philippe du Fossé, originaire du pays de Bourgogne, ancien abbé de Saint-Richer. Pendant les neuf années qu'il gouverna le monastère, cet abbé s'occupa de réparer la forteresse de Fécamp. Par suite des troubles politiques de l'époque, le manoir de Cheltelham, en Angleterre, appartenant à l'Abbaye, fut confisqué pour être donné au chevalier anglais, Simon Burle. Philippe du Fossé réclama vainement contre cette confiscation, et cette propriété fut à jamais perdue pour les religieux de Fécamp. Il mourut le 16 juin 1381 et fut enterré dans la nef de l'église abbatiale

Philippe du Fossé portait : *un filet de gueules cantonné au 1 et 4 d'azur au château d'argent, au 2 et 3 d'hermines.*

## VINGT - DEUXIÈME ABBÉ

### 1381 — 1390.

Pierre Cervaise de Riville, successeur de Philippe du Fossé, était né à Riville, près Fécamp. Il prêta serment de fidélité, en qualité d'abbé de Fécamp, au pape Clément VII et au roi Charles VI, et fit ensuite un voyage en Angleterre pour inspecter les dépendances de son monastère et régler quelques affaires d'intérêts. Sa mort arriva le 5 novembre 1390 ; un tombeau lui fut élevé à l'entrée de la chapelle de Saint-Pierre.

Pierre Cervaise de Riville portait : *de sable à trois macles d'or.*

## VINGT-TROISIÈME ABBÉ

### 1390 — 1423.

Estod d'Estouteville, d'abord religieux de Fécamp, puis abbé de Cérisy et du Bec, succéda à

Pierre Cervaise. Il était de l'illustre maison d'Estouteville, en Normandie, et fils de Jean d'Estouteville, seigneur de Tourcy et d'Estoustemont, et de Jeanne de Fiennes. Sous son administration, les Anglais s'emparèrent de Fécamp et y mirent pour capitaine Jehan Falstolf, qui y commit toutes sortes de désordres et d'exactions. Ayant refusé de prêter serment au roi d'Angleterre, Estod d'Estouteville se retira dans son château de Fontaine-le-Bourg, et la garde du monastère fut confiée, pendant son absence, au prieur et aux religieux. Il décéda le 13 octobre 1423 et fut enterré dans la nef de l'église abbatiale.

ARMOIRIES.

Estod d'Estouteville portait : *burelé d'argent et de gueules, au lion de sable, armé, lampassé, couronné d'or, brochant sur le tout.*

# VINGT-QUATRIÈME ABBÉ

## 1423 — 1444.

Gilles de Duremort ou Drummond, d'abord professeur de théologie, fut abbé de Beaupré, ensuite de Becubecq et enfin abbé de Fécamp, en remplacement de Estod d'Estouteville. Par ses soins, les revenus du monastère de Fécamp s'augmentèrent, ses bâtiments reçurent des additions notables, et ses droits d'exemption furent confirmés. Cet abbé fut pourvu de l'évêché de Coutances en 1437, ce qui ne lui empêcha pas de conserver son bénéfice abbatial. Il eut le tort de prendre part au jugement inique qui condamna l'infortunée Jeanne d'Arc à être brûlée vive. Sa mort arriva le 29 juillet 1444, et ses restes mortels furent déposés dans l'église de Saint-Lô de Rouen.

#### ARMOIRIES.

Gilles de Duremort portait : *d'or, à trois fasces ondées de gueules.*

## VINGT-CINQUIÈME ABBÉ

### 1444 — 1465.

Le successeur de Gilles de Duremort fut Jean de la Haulle de Grémonville. natif du Pays de Caux, et issu d'une ancienne famille noble dont l'origine était anglaise. Son frère, Jacques de la Haulle, seigneur de Grémonville, prêta en son nom le serment de fidélité au roi de France. qui reçut à cette occasion l'aveu général des biens de

la communauté. Jean de la Haulle était à la cour
du roi, où il venait d'être appelé en qualité de
conseiller en 1460, lorsque le feu prit à l'abbaye
de Fécamp et consuma le clocher et une grande
partie de l'église. Il décéda en novembre 1465, et
fut enterré dans la nef de l'église abbatiale, devant
le crucifix.

ARMOIRIES.

Jean de la Haulle de Grémonville portait : *de
sable, à trois fleurs de lis d'or.*

## VINGT-SIXIÈME ABBÉ

### 1465 — 1473.

Jean Balue, cardinal, évêque d'Évreux, premier
abbé commandataire de Fécamp, naquit, en 1421,
au bourg d'Angles (Vienne). L'opinion qui lui attribue pour père un tailleur, paraît la mieux fondée. Élevé par les soins des religieux d'Angles, il
fit preuve bientôt d'une haute capacité. Jacques
Juvénal des Ursins, patriarche d'Antioche et évêque de Poitiers, lui conféra la prêtrise et l'attacha
à sa personne. Après la mort de ce prélat (1456),
Jean Balue devint chanoine d'Angers, trésorier de
cette église. En 1462 il accompagna son évêque,

Jean de Beauveau, envoyé à Rome pour traiter les affaires de la pragmatique sanction. Ses talents diplomatiques attirèrent l'attention de Louis XI, qui le nomma évêque d'Évreux, et lui conféra un grand nombre de bénéfices, entr'autres l'abbaye de Fécamp et celle de Saint-Ouen de Rouen. De telles faveurs accordées à un homme d'une naissance obscure excitèrent la jalousie des grands seigneurs. Des libelles diffamatoires furent lancés contre lui, et tout fut mis en œuvre pour le perdre dans l'esprit de Louis XI, qui se contenta de répondre aux envieux : « Que voulez-vous, je tiens « à mon Balue ; c'est un bon diable d'évêque pour « à cette heure ; je ne sais ce qu'il sera à l'avenir ; « mais quant à présent il est continuellement oc- « cupé de mes services. »

Jean Balue fut nommé cardinal du titre de Sainte-Suzanne en 1467. Deux ans après, il conseillait à Louis XI la malencontreuse entrevue de Péronne, dont tout le monde connaît la fâcheuse issue et les conséquences qu'elle eut pour la fortune du cardinal. Le roi ne put lui pardonner les humiliations et le traité honteux que lui imposa Charles de Bourgogne, et il s'en vengea cruellement en faisant enfermer le malheureux cardinal dans la célèbre cage de fer de Loches, où il resta

dix ans. Ses biens furent confisqués et ses bénéfices conférés à ceux qui avaient poussé Louis XI
à se venger. L'abbaye de Fécamp eut pour administrateur un vicaire-général, du nom de frère
Nicolas, jusqu'en 1473, époque à laquelle Jean de
Gonzalès, archevêque de Séville, fut pourvu de ce
bénéfice.

Jean Balue sortit de prison en 1480, grâce aux
sollicitations de Philippe de Commines et du cardinal Julien de la Rovère, depuis Jules II. Louis
XI, qui, selon toute probabilité, n'avait jamais été
bien sûr de la culpabilité de son ancien ministre,
obtint du Saint-Siége un bref d'absolution pour
l'incarcération qu'il avait fait subir au prélat. Il lui
rendit ses bénéfices, et entr'autres l'abbaye de
Fécamp, dont il jouit jusqu'à sa mort, arrivée en
1491. Deux ans auparavant, il avait été nommé
évêque d'Albano et de Prœneste, protecteur de
l'ordre des chevaliers de Rhodes et légat de la
Marche d'Ancòne. Il fut enterré dans l'abbaye de
Sainte-Praxède à Rome, où l'on voit encore son
tombeau.

Il existe à Angles (Vienne), une pauvre famille
de journaliers du nom de Balue et que l'on dit
descendre de Nicolas Balue, frère du cardinal
Jean Balue, abbé de Fécamp.

Jean Balue portait : *d'argent, au chevron de sable accompagné de trois têtes de lions de gueules,* 2, 1.

Dans les armoiries que Jean Balue fit placer sur une bibliothèque qu'il avait fait construire à Évreux, il n'y avait pas de *chevron,* et les trois têtes de lions étaient *lampassées d'azur.*

## VINGT-SEPTIÈME ABBÉ

### 1473 — 1480.

Pierre de Mendoza de Gonzalès, cardinal, archevêque de Séville, chancelier de Castille et de Léon, profita de la disgrâce de Jean Balue pour solliciter la titulature de l'abbaye de Fécamp, qu'il obtint en 1473. Cet abbé nomma dom Alphonse de Rena, son vicaire-général, pour l'Abbaye, et posséda ce bénéfice jusqu'en 1480, époque à laquelle le monastère de Fécamp fut restitué à Jean Balue.

Il mourut le 11 janvier 1495 et fut enterré dans la cathédrale de Tolède.

Pierre de Mendoza de Gonzalès portait : *de gueules à 5 pannelles* (feuilles de peuplier) *d'argent mises en sautoir.*

# VINGT-HUITIÈME ABBÉ

## 1480 — 1491.

Jean Balue fut réintégré en 1480, comme nous l'avons dit plus haut, dans la possession de l'abbaye de Fécamp, qu'il conserva jusqu'à sa mort, arrivée en 1491.

# VINGT-NEUVIÈME ABBÉ

## 1491 — 1504.

Les bénéfices de l'abbaye de Fécamp, devenus vacants par la mort de Jean Balue, furent donnés à Antoine de la Haye de Passavant, professeur de théologie, conseiller du roi et abbé de Saint-Corneille de Compiègne. Il était fils de Louis de la Haye, seigneur de Passavant, de Mortagne et du Bois-d'Aubanne, et de Marie d'Orléans. Son administration ne fut marquée par aucun fait digne d'être signalé. Pourvu de l'abbaye de Saint-Denis en 1503, il mourut l'année suivante, le 20 janvier, et eut sa sépulture dans l'église Saint-Denis.

### ARMOIRIES.

Antoine de la Haye de Passavant portait : *d'or, à deux fasces de gueules à l'orle de neuf merlettes de même.*

# TRENTIÈME ABBÉ

## 1504 — 1505.

À la mort d'Antoine de la Haye, les religieux de Fécamp voulurent faire revivre leur ancien droit d'élire leurs abbés. Ils choisirent donc par voie d'élection, Antoine le Roux, religieux et aumônier de l'Abbaye. Le roi François Ier refusa de valider ce choix, et il s'en suivit entre Antoine le Roux et Antoine Bohier, qui venait d'être nommé abbé de Fécamp par ordonnance royale, un procès dont l'issue fut en faveur de ce dernier.

Antoine le Roux ayant été élu régulièrement et ayant exercé près d'une année les fonctions d'abbé, on ne s'explique pas pourquoi les chroniqueurs ne l'ont pas fait figurer dans la liste des administrateurs de ce monastère. C'est une omission qu'il importait de réparer.

Pour dédommager Antoine le Roux de la perte de son bénéfice, le roi lui donna l'abbaye de Saint-Georges de Boscherville, où il mourut en 1535.

ARMOIRIES.

Antoine le Roux portait : *de sable, à la fasce d'argent chargée de trois croix de sable, et accompagnée de trois molettes d'éperon d'or, 2, 1.*

5.

# TRENTE-UNIÈME ABBÉ

## 1505 — 1519.

Antoine Bohier, abbé de Fécamp et successivement chancelier de Normandie, second président
du parlement de Rouen, archevêque de Bourges
et enfin cardinal du titre de Saint-Anastase (1517),
fit de grands embellissements dans l'église abbatiale de Fécamp. Par ses soins, le chœur et les
chapelles furent fermés par des balustrades habil-
lement sculptées, et l'église pavée en pierre dure,
depuis l'entrée principale jusqu'à la porte du
cloître. Il fit faire le grand autel de marbre blanc,
le calvaire et la descente de la croix, derrière cet
autel, ainsi que le tabernacle dans lequel est renfermée la relique du Précieux-Sang. On lui dut
également la réédification de la chapelle de la
Vierge.

Le cardinal Bohier obtint du Pape, en 1511,
des indulgences pour tous ceux qui visiteraient
l'abbaye de Fécamp le jour de la Trinité.

Il mourut le 27 novembre 1519 et fut enterré
dans la nef de la cathédrale de Bourges. On lisait
sur sa pierre tombale l'épitaphe suivante :

*Ci-gît feu de bonne mémoire*
*Mgr Antoine Bohier, cardinal du Saint-Siége,*
*archevéque de Bourges,*
*abbé de Fécamp,*
*qui trépassa le 27 novembre de l'an 1519.*

ARMOIRIES.

Antoine Bohier portait : *d'or, au lion d'azur,*
*au chef de gueules.*

Ces armoiries sont sculptées dans l'église abbatiale de Fécamp, à la base du tabernacle du
Précieux-Sang.

## TRENTE-DEUXIÈME ABBÉ

### 1519 — 1523.

Adrien Gouffier, cardinal, évêque de Coutances,
puis d'Alby, grand-aumônier du Roi et légat du
Pape en France, eut l'abbaye de Fécamp après
Antoine Bohier. Il possédait déjà l'abbaye du
Bourg-Dieu, en Berry, et celle de Cormery, en Touraine. Le 27 juin 1521, le roi François Ier lui ac-
corda la sauvegarde et la protection royales pour
son monastère de Fécamp.

Cet abbé mourut à son château de Villedieu, en
Berry, le 24 juillet 1523.

Adrien Gouffier portait : *d'or, à trois jumelles de sable.*

# TRENTE-TROISIÈME ABBÉ

## 1523 — 1550.

Jean de Lorraine, cardinal, évêque de Toul et successivement archevêque de Narbonne, de Rheims et de Lyon, abbé commendataire de Noirmoutiers, de Saint-Ouen de Rouen et de Cluny, fut élu abbé de Fécamp par les religieux de ce monastère. L'abbaye de Fécamp lui fut redevable de grandes améliorations dans l'administration des revenus de la communauté. Il dota l'église de quatre cloches, dont l'une pesait 12,000 livres. Décédé en 1550, il fut inhumé dans le couvent des Franciscains de Nancy.

Jean de Lorraine portait : *Coupé de huit pièces, quatre en chef et quatre en pointe; au 1 fascé d'argent et de gueules de huit pièces pour Hongrie; au 2 d'Anjou de Sicile; au 3 d'argent à la croix potencé d'or, cantonnée de quatre croisettes, de même pour Jérusalem ; au 4 d'or, à quatre pals de gueules pour Arragon ; au 5 et 1 de la pointe, semé de France à la bordure de gueules pour Anjou ; au 6 d'azur au lion contourné d'or, couronné, armé et lampassé de gueules pour Gueldres; au 7 d'or au lion de sable, armé, lampassé de gueules pour Flandres ; au 8 d'azur, semé de croix recroisetées au pied fiché d'or, à deux bars, adossés de même, brochants sur le tout pour Bar, et sur le tout, d'or à la bande de gueules, chargée de trois alérions d'azur pour Lorraine.*

## TRENTE-QUATRIÈME ABBÉ

### 1550 — 1574.

Charles I<sup>er</sup> de Lorraine, cardinal, ministre d'Etat et pair de France, archevêque de Rheims, abbé de Fécamp, né le 17 février 1519, était fils de Claude de Lorraine, premier duc de Guise, et d'Antoinette de Bourbon.

Nommé archevêque de Rheims à l'âge de 15 ans, puis cardinal, il fut envoyé à Rome par le roi François I<sup>er</sup> pour s'entendre avec le pape Paul III sur les mesures à prendre contre les sectateurs du calvinisme. Au colloque de Poissi, tenu en 1564, il se fit remarquer par son éloquence dans la réfutation des erreurs de Bèze, relativement à la présence de Jésus-Christ dans l'Eucharistie. On lui reproche, non sans raison, de s'être montré ambitieux et d'avoir négligé les affaires spirituelles pour les temporelles.

Dès sa nomination à l'abbaye de Fécamp en 1552, Charles de Lorraine fit quelques réformes dans la communauté, qui se composait alors de 60 religieux et d'un grand nombre de novices. Les moines se dispensaient de dire leurs heures, se livraient au plaisir de la chasse, même avant que les récoltes fussent enlevées, et cela, malgré la défense expresse des canons. Il existait encore dans le couvent des désordres de nature telle qu'ils étaient un sujet de grand scandale pour les habitants de Fécamp. Le nouvel abbé rappela les religieux à leur devoir et prévint le retour de ces contraventions à la discipline par des mesures sévères.

Après le massacre de Vassi, les protestants s'étant emparés des principales villes de Normandie, comme Rouen, le Havre et Fécamp, ils y renouvelèrent les horribles profanations commises bien des siècles auparavant par les hommes du Nord. L'église de Saint-Étienne de Fécamp fut

pillée, ses vitraux brisés et les magnifiques tableaux jetés dans les flammes. On vit les réfor-
més se revêtir des habits sacerdotaux, trouvés
dans la sacristie de cette église, et se promener
dans cet équipage scandaleux par les rues de
Fécamp. Les cabarets de la ville régorgeaient de
cette troupe dévergondée qui payait ses dépenses
avec les vases sacrés et avec l'or arraché aux habits sacerdotaux. Pendant ce temps-là, l'abbaye
de Fécamp, transformée en une place de guerre,
présentait le singulier aspect de moines faisant le
guet, casque en tête et l'arquebuse au poing, pour
préserver le couvent du pillage et pour sauvegar-
der leur propre vie.

L'abbé de Fécamp, Charles de Lorraine, vit
dans ces événements une bonne occasion de s'emparer des objets d'or et d'argent que possédait le
monastère. Sous prétexte de mettre ces richesses
à l'abri du pillage, il les fit transporter à l'hôtel
de Cluny, à Paris, les fit fondre, et en appliqua
la valeur à son usage particulier. Cet acte déloyal
trouva des imitateurs dans la communauté, dont
les revenus furent gaspillés par les individus chargés de les administrer, de sorte que, peu de temps
après, les moines manquèrent d'argent pour l'entretien de leur table. La position devint telle, que

les marchands de Fécamp refusèrent de livrer à crédit au couvent. On vendit, pour se créer une dernière ressource, le peu d'argenterie échappé à la rapacité de Charles de Lorraine et jusqu'aux pièces d'artillerie qui protégeaient l'enceinte de l'Abbaye. A cette même époque, les moines de Fécamp cédèrent aux administrateurs de l'Hôtel-Dieu, de la Madeleine de Rouen, quatre acres de terre, situés sur la paroisse de Saint-Gervais, aux portes de cette ville.

Charles de Lorraine ne fit absolument rien pour apporter remède à la gêne et à la misère qui régnaient dans l'Abbaye. Il mourut, le 23 décembre 1574, à Avignon, où il s'était rendu pour saluer Henri III qui revenait de Pologne. Son corps fut transporté à Rheims et déposé dans l'église cathédrale de cette ville.

### ARMOIRIES.

Charles de Lorraine portait : *Coupé de huit pièces, quatre en chef et quatre en pointe ; au 1 fascé d'argent et de gueules de huit pièces pour Hongrie ; au 2 d'Anjou de Sicile ; au 3 d'argent à la croix potencée d'or, cantonnée de quatre croisettes, de même pour Jérusalem ; au 4 d'or à quatre pals de gueules pour Arragon ; au 5 et 4 de la pointe, semé de France à la bordure de gueules pour Anjou ; au 6 d'azur au lion contourné d'or, couronné, armé et lampassé de gueules pour Gueldres ; au 7 d'or au lion de sable, armé et lampassé de gueules pour Flandres ; au 8 d'azur semé de croix recroisetées au pied fiché d'or à deux bars adossés de même, brochant sur le tout pour Bar, et sur le tout, d'or à la bande de gueules chargée de trois alérions d'azur pour Lorraine ; plus, sur le tout du tout, un lambel de trois pendants de gueules.*

## TRENTE-CINQUIÈME ABBÉ

### 1574 — 1588.

Après la mort de Charles de Lorraine, le roi Henri III fit don de l'abbaye de Fécamp à Louis de Lorraine Ier, cardinal, archevêque de Rheims. Cet abbé s'occupa beaucoup plus des affaires politiques que de l'administration de son monastère ainsi que des devoirs que lui imposaient ses hautes dignités ecclésiastiques. Henri III se défiant de ses projets ambitieux, le fit assassiner à Blois le 24 décembre 1588.

#### ARMOIRIES.

Louis Ier de Lorraine portait : *Coupé de huit pièces, quatre en chef et quatre en pointe, etc....*

9

# TRENTE-SIXIÈME ABBÉ

## 1588 — 1591.

Louis II de Lorraine fut nommé abbé de Fécamp par le Pape, en remplacement de son oncle. Louis Ier de Lorraine. Mais le roi de France refusa de ratifier cette nomination. Le Parlement de Rouen eut mission de prononcer à ce sujet, entre le Saint-Siége et le roi, ce dernier prétendant avoir seul le droit de disposer des bénéfices en France.

Un arrêt du Parlement, rendu en 1591, annula la nomination de Louis de Lorraine II, et peu de temps après, Aymar de Chastres, commandeur de l'ordre de Malte, fut pourvu de l'abbaye de Fécamp en qualité d'abbé commendataire.

### ARMOIRIES.

Louis de Lorraine II portait, comme son prédécesseur : *Coupé de huit pièces, quatre en chef, etc....*

Aucun auteur n'a compris jusqu'ici Louis de Lorraine II dans la chronologie historique des abbés de Fécamp. Il est cependant certain qu'il posséda cette abbaye. Son successeur, Aymar de Chastres, lui laissa la jouissance de la moitié des revenus attribués à l'abbé.

# TRENTE-SEPTIÈME ABBÉ

## 1591 — 1603.

Aymard de Chastres ou de la Châtre, commandeur de l'ordre de Malte, conseiller du roi, lieutenant-général au Pays de Caux, vice-amiral de France et abbé commendataire de Fécamp, obtint la confirmation des priviléges de ce monastère en 1591. Ses relations avec l'abbaye de Fécamp se bornèrent à celles que nécessita la surveillance des intérêts temporels. Il mourut en 1603.

### ARMOIRIES.

Aymard de Chastres portait : *de gueules à la croix ancrée de vair, au chef de gueules, chargé d'une croix d'argent,* qui est de l'ordre de Saint-Jean de Jérusalem.

# TRENTE-HUITIÈME ABBÉ

## 1603 — 1615.

Après la mort d'Aymard de Chastres, le roi Henri IV donna l'abbaye de Fécamp à François de Joyeuse, cardinal, archevêque de Rouen, de

Narbonne et de Toulouse, abbé commendataire de Marmoutiers de Saint-Florent, d'Aurillac et du Mont-Saint-Michel. Le vicaire-général du prélat, pour l'abbaye de Fécamp, fut Charles de Campion, grand-prieur de ce couvent. Ce fut cet abbé qui couronna Marie de Médicis dans l'abbaye de Saint-Denis et qui sacra Louis XIII à Rheims. Vers 1614, il résigna la plus grande partie de ses bénéfices; toutefois, il conserva les abbayes de Fécamp et de Marmoutiers. Sa mort arriva le 23 août 1615; on l'inhuma dans l'église des Jésuites de Pontoise, dont il était le fondateur.

### ARMOIRIES.

François de Joyeuse portait : *Écartelé au 1 et 4, pallé d'or et d'azur de six pièces, au chef de gueules, chargé de trois hydres d'or,* qui est de Joyeuse; *au 2 et 3 d'azur au lion d'argent, à la bordure de gueules chargée de huit fleurs de lis d'or,* qui est de Saint-Didier.

## TRENTE-NEUVIEME ABBÉ

### 1615 — 1642.

Henri Ier de Lorraine, archevêque de Rheims, et abbé de Fécamp après François de Joyeuse.

cut pour son représentant dans ce monastère,
Claude Robé, comte et chanoine de Lyon. Il était
âgé de *trois ans* lorsqu'il fut pourvu de l'abbaye
de Fécamp et de l'archevêché de Rheims. En 1642
il quitta l'état ecclésiastique et donna sa démission d'abbé commendataire et d'archevêque pour
se marier. Sa mort arriva le 2 juin 1664. De son
temps, l'abbaye de Fécamp comptait 42 religieux.

### ARMOIRIES.

Henri Ier de Lorraine portait comme les de
Lorraine, ses prédécesseurs : *Coupé de huit pièces,
quatre en chef, etc.....*

## QUARANTIÈME ABBÉ

### 1642 — 1668.

Henri de Bourbon, fils naturel de Henri IV et
duc de Verneuil, prit possession de l'abbaye de
Fécamp en 1642. L'acte le plus important de son
administration fut l'introduction dans le monastère, des religieux de la congrégation de Saint-
Maur. La règle de cette congrégation fut mise en
vigueur à Fécamp à partir du 1er janvier 1650.
« Alors, dit la *chronique de Fécamp,* on vit bien-

« tôt cette fameuse abbaye changer de face et
« reprendre cette première splendeur qu'elle s'était
« acquise pendant plusieurs siècles, par son exacte
« observance et par les grands hommes qu'elle a
« donnés à l'église et à l'ordre de Saint-Benoit. »

L'abbé Henri de Bourbon n'était pas engagé
dans les ordres sacrés. En 1668 il résigna tous ses
bénéfices et épousa la veuve du duc de Sully.
Décédé en 1682, il fut enterré dans l'abbaye de
Saint-Denis.

### ARMOIRIES.

Henri de Bourbon portait : *d'azur à trois fleurs
de lis d'or, au bâton d'or en cœur, chargé d'une
fleur de lis d'argent.*

## QUARANTE-UNIÈME ABBÉ

### 1668 — 1672.

Jean Casimir, roi de Pologne, ayant perdu la
Reine, son épouse, en 1667, quitta volontairement
ses États pour se retirer à la cour de France. Le
roi Louis XIV, « pour lui donner le moyen de
subsister d'une manière convenable à sa qualité, »
le nomma aux abbayes de Fécamp et de Saint-
Germain-des-Prés. L'ex-roi de Pologne prit pos-

session en personne du monastère de Fécamp le
12 juin 1669. En 1672, revenant des eaux de
Bourbon, il tomba malade dans une ville du
Limousin et y mourut le 11 décembre. Son corps
fut transporté à Varsovie et son cœur déposé dans
l'église de Saint-Germain-des-Prés. Jean Casimir
était un guerrier valeureux ; il avait gagné dans
sa vie onze batailles, dont trois contre Charles-
Gustave-Adolphe, roi de Suède, qu'il chassa des
États de Pologne en 1655 et 1661.

### ARMOIRIES.

Jean Casimir portait : *Écartelé au 1 et 4 de
gueules, à l'aigle d'argent, couronné, membré et
becqué d'or,* qui est de Pologne ; *au 2 et 3 de
gueules, à un cavalier armé d'argent, tenant une
épée nue en sa main dextre et dans l'autre un
écu d'azur à une double croix d'or, le cheval
bridé d'argent, houssé d'azur et cloué d'or,* qui
est de Lithuanie.

## QUARANTE-DEUXIÈME ABBÉ

### 1672 — 1694.

Louis-Antoine de Neubourg, prince de Neubourg, électeur palatin et grand-maître de l'ordre

teutonique, nommé abbé de Fécamp en janvier 1672, prit possession de ce bénéfice le 10 février suivant et le conserva jusqu'à sa mort, arrivée le 7 avril 1694.

ARMOIRIES.

Louis-Antoine de Neubourg portait : *d'or au chevron de gueules, accompagné de trois merlettes d'azur.*

*Vacance de 1694 à 1698.*

Après la mort du prince de Neubourg, le siège abbatial de Fécamp demeura vacant pendant quatre ans. Pendant ce temps, les revenus de la mense furent mis aux économats, et l'Abbaye eut pour administrateur le cardinal d'Espagne.

# QUARANTE-TROISIÈME ABBÉ

## 1698 — 1731.

François-Paul de Neuville de Villeroy, archevêque de Lyon, pourvu de l'abbaye de Fécamp en 1698, prit possession le 19 octobre de cette année. Il était fils de François de Neuville, duc de Villeroy, maréchal de France, et de Marie-Marguerite de Cossé. L'église abbatiale de Fécamp lui est redevable de son grand portail actuel qu'il fit construire à ses frais et des lambris qui ornent la chapelle de la Vierge. Il apporta quelques modifications dans la cérémonie religieuse du Précieux-Sang, et voulut qu'elle fût célébrée dans toutes les églises placées sous la juridiction de l'Abbaye.

Cet abbé mourut en 1731 et eut sa sépulture dans l'église cathédrale de Lyon.

### ARMOIRIES.

François-Paul de Neuville de Villeroy portait : *d'azur au chevron d'or, accompagné de trois croix ancrées de même.*

# QUARANTE-QUATRIÈME ABBÉ

## 1731 — 1761.

Claude-François de Montboissier de Canillac, auditeur de Rothe, ambassadeur du roi de France à Rome et commandeur de l'ordre du Saint-Esprit, fut mis en possession de l'abbaye de Fécamp en 1731. Il usa de son influence pour faire obtenir à son parent, le marquis de Canillac, le gouvernement de la ville et des forts de Fé camp. Nous ne connaissons pas de lui d'autre acte important qui rattache son nom à l'histoire de cette ville. Il mourut à Paris en 1764.

Claude-François de Monthoissier de Canillac portait : *Écartelé au 1 et 4 d'argent à la bande d'azur, accompagné de six roses de gueules, 3, 3,* qui est de Rogier de Beaufort ; *au 2 et 3 d'azur crénelé d'or, à la levrette rampante d'argent, onglée et colletée de gueules,* qui est de Canillac, *et sur le tout semé de croisettes de sable, au lion rampant de même,* qui est de Monthoissier.

## QUARANTE-CINQUIÈME ABBÉ

### 1761 — 1777.

Claude-Antoine de la Roche-Aymon, né en 1687, suffragant de l'évêque de Limoges, sacré évêque titulaire de Sarepte, en Phénicie, le 5 août 1725, évêque de Tarbes en janvier 1729, archevêque de Toulouse en janvier 1740, puis de Narbonne en 1752, grand-aumônier de France et pair, commandeur de l'ordre du Saint-Esprit, fut nommé abbé commendataire de Fécamp en 1764. A l'exemple d'un grand nombre de ses prédécesseurs, il ne s'occupa de son abbaye que pour en toucher les revenus. Son receveur, Marin Gruchet, lui envoyait à Paris les produits de la mense au fur et à mesure de leur rentrée, et lui expédiait de grandes quantités de poisson et de gibier que le prélat aimait passionnément à ce qu'il paraît. Une note. trouvée dans les archives départementales de la Seine-Inférieure, par M. Léon Fallue, auteur d'une excellente *histoire de Fécamp,* relate huit envois de gibier dans l'espace de cinquante jours. Ces envois se composaient de 48 perdrix et 12 bécassines, de 52 lapins et de 46 lièvres. L'abbé de la Roche-Aymon mourut. en 1777, à Paris, où il fut enterré.

ARMOIRIES.

Claude-Antoine de la Roche-Aymon portait : *de sable, au lion d'or armé et lampassé de gueules, l'écu semé d'étoiles d'or.*

## QUARANTE-SIXIÈME ABBÉ

### 7771 — 1791.

Dominique de la Rochefoucauld, cardinal, archevêque d'Alby, puis de Rouen, abbé commen dataire de Cluny, pair de France, commandeur de l'ordre du Saint-Esprit, prit possession de l'abbaye de Fécamp en 1777. En 1780 et 1782 il présida les assemblées du clergé. Les habitants de Fécamp ont gardé bon souvenir de ce prélat qui employait une grande partie des revenus de l'Abbaye à soulager les indigents de cette ville et des localités voisines. Il mourut à Munster, le 25 septembre 1800, à l'âge de 87 ans.

## ARMOIRIES.

Dominique de la Rochefoucaud portait : *burele d'argent et d'azur, à trois chevrons de gueules, le premier écimé, brochant sur le tout.*

## FIN DES ABBÉS

La révolution ayant supprimé les ordres monastiques, l'abbaye de Fécamp subit le sort commun. et les moines furent forcés d'abandonner leur retraite.

Pendant l'ère révolutionnaire, Guillaume-Dominique Letellier, ancien bénédictin de l'abbaye de Fécamp, ayant prêté serment, devint curé constitutionnel de l'église monastique. Il remplit ce ministère jusqu'au concordat, époque à laquelle il fut nommé curé de Goderville, où il était né le 8 décembre 1754 et où il est mort le 16 juillet 1833.

C'est à l'abbé Letellier que l'on a dû, pendant la crise révolutionnaire, la conservation de la relique du *Précieux-Sang* que les moines de Fécamp gardaient très-précieusement dans leur église. Il fut poursuivi à raison de cette soustraction et acquitté, parce que l'objet dont il s'était emparé n'était ni propriété publique ni propriété particulière.

Après le concordat, l'ancienne église des bénédictins de Fécamp prit la dénomination d'église paroissiale de la Sainte-Trinité, et M. l'abbé de Valleville en devint curé en 1802. C'est à lui que l'église doit l'orgue qu'elle possède, qui était celui du monastère de Montivilliers et qu'il obtint du gouvernement. Quatre des cloches actuelles font également partie de ses libéralités.

En 1820, M. l'abbé Vincent devint deuxième curé de la Sainte-Trinité. Il eut pour successeur M. l'abbé Comont, qui quitta cette cure en 1840 ;

il est maintenant grand-vicaire et doyen du cha-
pitre de la métropole à Rouen.

Après M. Caumont, l'église de la Sainte-Trinité
eut pour curé jusqu'en 1851, M. l'abbé Beaucamp,
auquel succéda le titulaire actuel, M. l'abbé Bel-
lengreville, qui se trouve être le cinquième curé
depuis l'érection de l'ancienne église abbatiale en
paroisse.

* *
*

Le cimetière actuel de Fécamp possède la tombe
du dernier moine bénédictin de l'abbaye de Fécamp, dom Louis-Ambroise Blondin, décédé le 29
janvier 1848, dans sa quatre-vingt-neuvième année.

* *
*

Nous avons dit plus haut que c'est à l'abbé Letellier qu'on doit la conservation du *Précieux-
Sang*.

D'après la tradition des ancêtres, cette relique
est une portion de terre ou de poussière, teinte du
sang même de Jésus-Christ, pendant qu'il souffrait

la mort, que les moines de Fécamp conservaient très-précieusement et révéraient avec piété.

Une légende très-ancienne et un poème manuscrit conservé à la bibliothèque impériale, font remonter la possession de cette relique jusqu'aux premiers temps du christianisme (1) jusqu'à Bozo qui, selon une tradition consignée dans plusieurs écrits, aurait été envoyé par Saint-Denis, avec d'autres missionnaires, sous le pontificat de Saint-Clément, pour évangeliser le Pays de Caux.

Après la tourmente révolutionnaire, le Précieux-Sang fut restitué à l'église et remis dans le tabernacle de marbre blanc que lui avait consacré Antoine Boyer, cardinal, archevêque de Bourges et abbé de Fécamp en 1510, et dans lequel il est encore aujourd'hui.

La dévotion au Précieux-Sang a depuis repris son cours, et le mardi de la Sainte-Trinité l'on compte jusqu'à 10,000 pèlerins qui viennent rendre hommage à la sainte relique.

*Notes de l'éditeur.*

(1) Histoire de Fécamp, par Fallue.

# ARMOIRIES DE L'ABBAYE DE FÉCAMP

Contrairement a l'opinion de quelques auteurs, l'abbaye de Fécamp n'eut pas d'armoiries avant le X<sup>e</sup> siècle. par la raison toute simple que l'usage des attributs héraldiques n'était pas établi avant cette époque. Sous l'abbatiat de Guillaume de Dijon (1000), l'Abbaye eut pour armes : *d'azur, semé de fleurs de lis d'or, à une sainte-Trinité dans un trone ou niche d'or doublé de sinople. le Père éternel de carnation, assis, rétu d'une chape pluviale d'or, la tête couverte d'une tiare de même, chargé, sur la poitrine, d'un Saint-Esprit*

*en forme de colombe d'argent, et tenant une croix
de sable sur laquelle est attaché le Fils de carnation, couvert d'argent.*

Dans la pensée de ceux qui avaient composé
ces armes, elles avaient pour but de rappeler le
vocable sous lequel le monastère avait été placé
lors de la fondation en 664.

Sous le règne de Guillaume-le-Conquérant, les
armoiries se composèrent de l'écusson que nous
avons décrit et d'un autre écusson accolé, *de
gueules chargé de deux léopards d'or*, pour signi-
fier la protection des ducs de Normandie à qui
ces signes héraldiques appartenaient.

Vers 1200, Raoul d'Argences, abbé de Fécamp,
ayant obtenu de Philippe-Auguste la confirmation
du droit de haute et moyenne justice dans toutes
les dépendances de l'Abbaye, à la condition de
prêter serment entre les mains des rois de France,
on ajouta à l'écusson primitif du monastère *une
bordure d'azur chargée de fleurs de lis d'or, les
tiges appointées vers le milieu.* Ces fleurs de lis
étaient destinées à marquer la suzeraineté royale.
Dans le même temps, l'écusson des ducs de Normandie cessa de faire partie des armoiries de
l'Abbaye, qui reçurent en échange *un écu d'argent
semé de branches de laurier de sinople, en pal,*

*et trois mitres d'or brochant sur le tout.* Ces trois mitres d'or furent placées là comme le symbole de la suprématie de l'Abbaye sur les monastères de Notre-Dame de Bernay, de Saint-Taurin d'Évreux et de Sainte-Berthe de Blangy, dépendant, au spirituel et au temporel, de celui de Fécamp.

Vers le milieu du xvii<sup>e</sup> siècle, les armoiries de l'abbaye de Fécamp subirent encore une autre modification; ce fut la dernière. Elles furent composées de *deux écus accolés ;* celui de dextre, *d'ar_gent à six branches de laurier de sinople, les tiges passées en sautoir ; à trois mitres d'or doublées de gueules, brochantes sur le tout, 2, 1 ;* celui de sinestre, *d'azur, à une fleur de lis d'or en chef et trois clous d'argent en pointé ; au centre de l'écu, le mot* PAX *de sable ; le tout orlé d'une couronne d'épines, aussi de sable.*

Les *trois clous d'argent* représentaient les trois clous de la Passion; ils avaient été introduits dans les armoiries avec *l'orle d'épines* en mémoire et en l'honneur du Précieux-Sang.

Les ornements extérieurs de l'écu étaient formés d'une couronne ducale, de lambrequins sans couleur et sans forme précises, d'une mitre et d'une crosse abbatiales placées, la première de front à dextre, l'autre pièce en pal et tournée en dehors, à senestre.

La position particulière de la crosse qui timbrait les armoiries de l'abbaye de Fécamp mérite d'être remarquée.

On comprend que de nos jours le vulgaire n'attache aucune importance à telle ou telle position des signes héraldiques placés sous ses yeux. Mais pour les personnes versées dans l'étude des armoiries, la position des pièces donne toujours lieu à des observations instructives et qui ont une grande portée historique. Ainsi, que dans le timbre d'un écu clérical la crosse soit tournée en dedans ou en dehors, beaucoup de gens ne verront là rien de significatif. La différence est cependant notable.

La crosse, dans les armoiries, signifie le pouvoir spirituel. Tournée en dedans, elle marque une juridiction *intérieure,* renfermée par exemple dans les murs d'un monastère ; tournée en dehors, elle est l'attribut d'un pouvoir spirituel *extérieur,* s'étendant sur plusieurs établissements religieux et sur le monde séculier.

En principe, les évêques seuls avaient le droit de porter dans leurs armes la crosse en dehors ; ce droit leur fut maintenu, au moyen-âge, par plusieurs bulles des papes. Les abbés réguliers ou commendataires portaient la crosse en dedans ; lorsqu'il se rencontre une exception, comme pour les abbés de Fécamp, le devoir de l'historien est d'en rechercher la cause et l'origine.

Il nous est facile de dire pourquoi les abbés de Fécamp portaient la crosse en dehors dans leurs armes, puisque nous savons déjà que leur pouvoir spirituel, sans parler du temporel, régnait sur quatre abbayes, Fécamp, Saint-Taurin d'Évreux, Notre-Dame de Bernay et Sainte-Berthe de Blangy. Cette exception héraldique avait encore une autre cause : c'est que l'abbaye de Fécamp était exempte de toute juridiction épiscopale, et que les administrateurs, alors qu'ils furent *réguliers,* eurent le droit de conférer les ordres mineurs comme les évêques.

On voit par là l'importance qu'il y a à observer et à désigner avec précision la position de certains signes héraldiques et l'intérêt qui peut en résulter pour l'histoire.

La description des armoiries de l'abbaye de Fécamp existe dans l'*Armorial de la Normandie,* par M. A. Canel, qui l'a recueillie dans un manuscrit de la bibliothèque impériale, nommé *Manuscrit d'Hozier.* Elle est conforme à ce que nous en avons dit.

M. Leroux de Lincy en parle également dans son *Essai sur l'abbaye de Fécamp,* page 395. Mais les indications sont vagues et les couleurs des pièces n'y sont pas décrites.

Quant aux auteurs du *Gallia christiana,* ordinairement si bien renseignés sous le rapport héraldique, ils consacrent seulement à ces mêmes armoiries cette indication laconique et insignifiante : *Porte trois mitres.*

En terminant, nous signalerons un plan du monastère de Fécamp en 1687, inséré dans le *Guide du voyageur à Fécamp,* par M. B. Germain, et où se trouvent consignées les armes abbatiales. Il est regrettable que les couleurs des pièces héraldiques n'y soient pas mieux formulées.

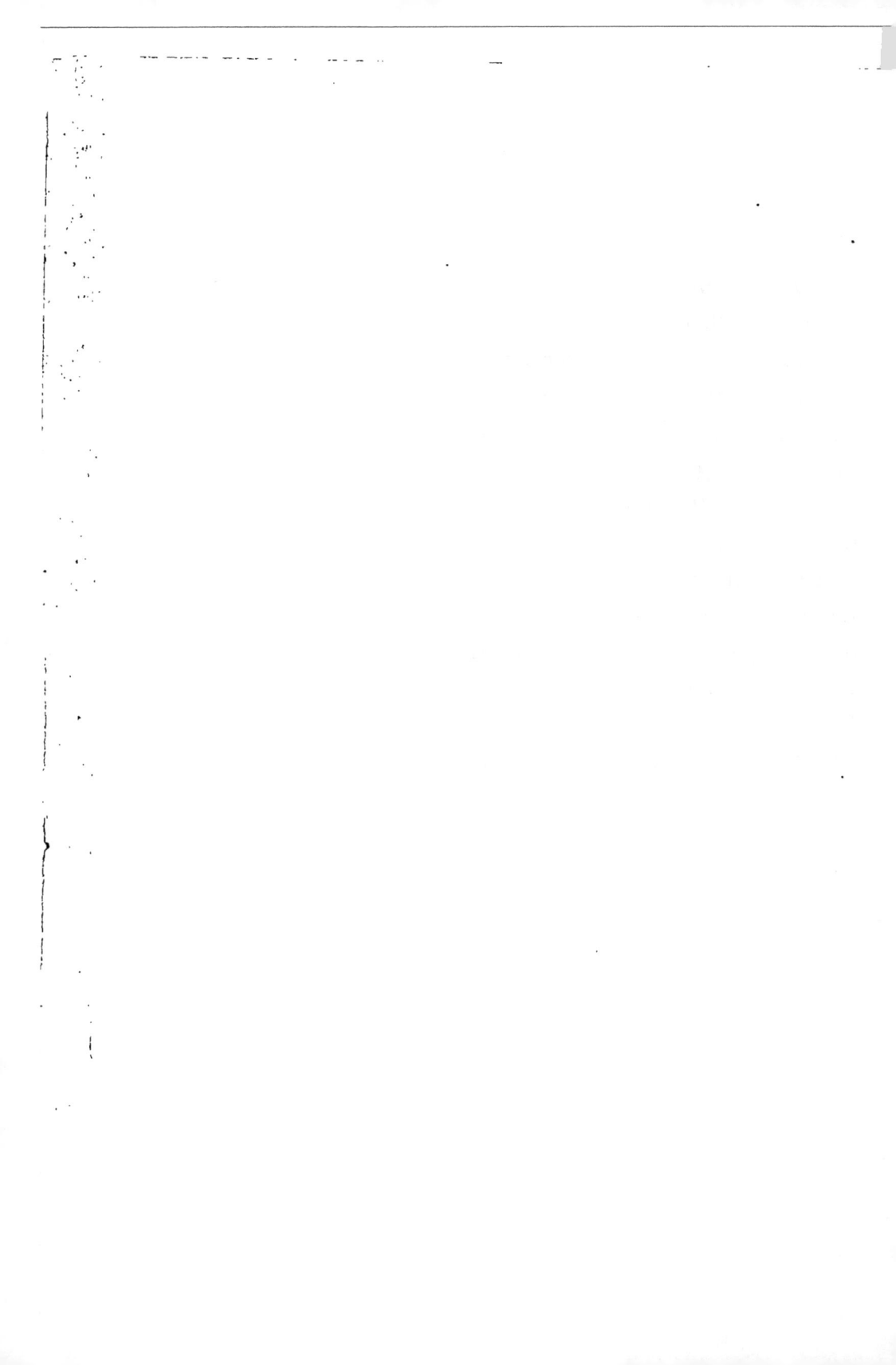

# CONFRÉRIE

## DES JONGLEURS DE FÉCAMP

---

### ORIGINE D'UN PROVERBE

Le commencement du dixième siècle vit apparaître en Provence les *Troubadours* ou *Trouvères,* aimables génies dont les poëtiques jeux préludèrent à la naissance de l'art dramatique. Leur histoire est intimement liée à celle de la chevallerie française, et l'on ne peut se rappeler les grandes luttes et les exploits du moyen-âge, sans donner un souvenir à la corporation lyrique qui s'était attribuée la noble mission de les glorifier.

Les Trouvères marchaient à la suite des armées et stimulaient leur ardeur par des chants patriotiques. Après le combat, ils célébraient les hauts faits des chevaliers dans leurs *sirventes*, espèces de poëmes où, pour la première fois, ils firent connaître le véritable charme de la rime. Tour-à-tour belliqueuse et tendre, satyrique ou louangeuse, demandant des inspirations aux plus beaux sentiments de l'âme, leur verve poétique prenait également pour sujets les épisodes terribles des batailles, la beauté des dames, les émotions de l'amour ou les bienfaits de l'amitié, la féauté des chevaliers ou leur félonie. C'est ainsi que les troubadours composèrent différentes sortes de poésies qui furent nommées *chansons*, *sonnets*, *laïs*, *pastourelles*, *sirventes*, *tensons* et *comedies*, suivant le caractère de ces compositions.

L'institution des Troubadours comprit, dans le principe, quatre classes d'acteurs ayant des rôles tout-à-fait distincts : Les *Chanteurs* exécutaient les productions lyriques; les *Jongleurs* accompagnaient le chant avec leurs instruments; les *Comiques* jouaient de petites pièces de comédies; les

*Conteurs* narraient des histoires merveilleuses, des légendes et des événements miraculeux.

A la fin du Xe siècle, l'association connue jusques-là sous la désignation générique de *Troubadours* ou *Trouvères*, fut dissoute. *Chanteurs*, *Jongleurs*, *Comiques* et *Conteurs*, formant alors des corporations indépendantes les unes des autres, allèrent chacune de leur côté exercer leurs talents dans les châteaux, dans les tournois, devant les grands feudataires et même devant les rois, qui les encouragèrent par de magnifiques présents.

Une de ces troupes nomades appartenant à la catégorie des Jongleurs, parcourut la Normandie vers 990 et vint à Fécamp, à la cour de Richard Ier, duc des Normands, qui résidait depuis quelques années dans la forteresse de cette ville. L'accueil que l'on fit à ces Jongleurs, les engagea à rester dans le pays, et onze ans plus tard, Guillaume de Dijon, abbé de Fécamp, les admit dans l'église du monastère, où ils jouèrent pendant les cérémonies. Les instruments dont ils se servaient étaient des vielles, des flûtes de Pan, des tambours, des psaltérions, des cornemuses et des cythares. Quelques Jongleurs dansaient au son des instruments : plusieurs faisaient danser des singes : tandis que d'autres portaient des vases remplis de parfums.

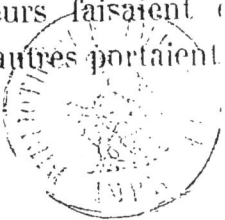

12.

En 1002 cette troupe fut organisée en une confrérie sous le patronage de Saint-Martin, et on en plaça le siège, quelques années après, dans la chapelle des lépreux, à Fécamp.

Quoique revêtue d'un caractère religieux, la corporation conserva l'esprit mondain et l'indépendance de mœurs qui ont caractérisé de tout temps les troupes nomades. La plupart des frères vivaient en concubinage avec des femmes de mauvaise vie, qui se qualifiaient de *Jongleresses*. Tous menaient une existence marquée par des excès honteux, et souvent ils apportèrent le scandale de leurs débauches dans l'intérieur du temple.

Guillaume de Dijon et Jean d'Allix, successivement abbés de Fécamp, l'un en établissant cette confrérie, l'autre en la tolérant, avaient pensé que la dignité du culte n'était pas compromise par ce singulier contact. Guillaume de Ros, IIIe abbé, ne fut point de cet avis: il abolit la confrérie et la bannit des terres de l'abbaye.

Les jongleurs reprirent, pendant quelques années, leur ancienne vie nomade, sans sortir toutefois de la Normandie, et lorsqu'après la mort de Guillaume de Ros ils revinrent à Fécamp, ils furent de nouveau réunis en confrérie sous le même patronage de Saint-Martin, par Henri de

Sully, cinquième abbé. En 1190, Raoul d'Argences, successeur d'Henri de Sully, leur impose une
règle dont on retrouve quelques dispositions dans
une charte conservée actuellement aux archives
départementales de la Seine-Inférieure, et qui a
été publiée pour la première fois par M. Leroux
de Lincy. (*Essai sur l'histoire de l'abbaye de
Fécamp, page* 378.

Par cette charte nous voyons que lors de leur
seconde organisation en société religieuse, les jongleurs n'avaient rien perdu de leurs mœurs équi-
voques, et qu'il y avait parmi eux des gens de
qualité, Henry de Gravenchon entr'autres, qui
avait été nommé *mestre et recteur de la fraarie*
par l'abbé de Fécamp.

Chaque année, le jour de l'ordination de Saint-
Martin, ils devaient, aux termes de la charte dont
nous venons de parler, se réunir dans l'Abbaye
pour faire une procession solennelle, après laquelle chaque frère était tenu de verser cinq
deniers que l'on partageait également entre les
religieux, les pauvres de la ville et le trésor du
monastère. Tout ce que les frères jongleurs lais-
saient en mourant, qu'ils fussent de qualité ou
non, revenait de droit à l'église, qui usait de ces
legs obligatoires pour son entretien.

Après le 14ᵉ siècle, on ne sait rien sur l'existence de cette confrérie, dont l'institution marqua probablement l'origine de la célèbre musique de Fécamp.

Certain privilége accordé aux jongleurs donna naissance à un proverbe qui s'emploie souvent de nos jours en langage familier.

Dans le règlement relatif aux droits de péage sur les ponts royaux, le roi Saint-Louis avait inséré un article disposant « que le marchand qui « transporterait un singe pour le vendre, paierait « 4 deniers ; que si le singe appartenait à un *jongleur,* ledit singe jouerait devant le péager, et « que par ce jeu il serait quitte du péage. » De là est venu le proverbe, bien connu : « *Payer en monnaie de singe, en grimaces.* »

# VALMONT

## SON CHATEAU, SES SEIGNEURS ET SON ABBAYE

---

### LE CHATEAU DE VALMONT ET LES SEIGNEURS DE VALMONT

Le bourg de Valmont, situé dans l'arrondissement d'Yvetot, est désigné dans les vieilles chroniques sous les noms de *Galonis* ou *Walonis
mons, Vallis mons* et *Valdemont*. L'opinion générale est qu'il doit son origine à un camp gallo-
romain, Le Catelier, qui se trouve sur le sommet
d'une colline, au nord du bourg.

Il n'est pas question de Valmont dans les annales de Normandie avant le onzième siècle.

En 1066, ce fief était la propriété d'une maison puissante, et dont le chef, Robert I d'Estouteville dit *Grandbois*, accompagna Guillaume le bâtard à la conquête d'Angleterre. Orderic Vital parle avec éloge de ce seigneur, et le poète Robert Wacet a chanté pompeusement ses vertus guerrières et ses exploits.

Robert II d'Estouteville, dit le Jeune, fils de Robert I, prit le parti de Robert II duc de Normandie, contre Henri I roi d'Angleterre, son frère, et fut fait prisonnier en 1106. C'est de cette époque que date plus précisément l'établissement des d'Estouteville dans notre province. Jusque-là, en effet, bien que possesseurs de domaines considérables en Normandie, ils avaient résidé en Angleterre, et n'avaient eu des relations avec leurs domaines que par l'entremise de leurs gouverneurs ou intendants. Nicolas d'Estouteville fut le premier de la famille qui fixa sa résidence à Valmont, où il fit bâtir un château détruit vers le XIVe siècle et qui fut remplacé dans le même temps par une forteresse dont une partie subsiste encore aujourd'hui. Le même seigneur fonda l'abbaye de Valmont. Suivant quelques auteurs, cette fondation aurait eu

lieu en 1116, d'autres prétendent que ce fut en
1139, enfin, les auteurs du *Gallia Christiana*, les
PP. Labbe et Dumontier et dom Duplessis, adop-
tent la date de 1169.

Nicolas d'Estouteville laissa cinq enfants de son
mariage avec Léonelle de Rames. Henri, qui était
l'aîné, fut seigneur de Valmont. De son temps,
quelques ecclésiastiques des environs ayant prétendu
aux droits de patronnage laïque et aux biens-meu-
bles de ceux qui mouraient sans faire de testament,
il s'opposa à l'exercice de ces droits, et se trouva
l'an 1205 à l'assemblée qui se tint à Rouen pour
terminer cette affaire.

Après Henri d'Estouteville, Valmont eut pour
châtelains, Jean I<sup>er</sup>, (1251); Robert IV dit *Passemer*
(1280); Robert V, (1303) et Robert VI d'Estouteville, (1374).

Vers 1375, le roi Charles V acquit par échange
le château et la châtellenie de Valmont et en fit
don à Bertrand du Guesclin, connétable de France.
Ce brave chevalier ne jouit pas longtemps du fief
qu'il tenait de la libéralité du roi : il mourut à
Châteauneuf-de-Randon, dans le Gévaudan, le 3
juillet 1380, à l'âge de 66 ans.

La terre de Valmont rentra alors dans la maison
d'Estouteville, par suite d'une transaction passée

en 1384, entre les héritiers du connétable et Jean II, sire d'Estouteville.

A partir de Jean II jusqu'en 1534, on compte quatre seigneurs de Valmont du nom d'Estouteville: Louis I$^{er}$, grand-sénéchal et gouverneur de Normandie, grand-bouteiller de France, (1417—63) ; Michel d'Estouteville, (1463—80) ; Jacques, conseiller et chambellan du roi, capitaine de Falaise, (1480—89) ; Jean III d'Estouteville, (1489—1533).

En faveur du mariage d'Adrienne d'Estouteville avec François de Bourbon, au commencement de l'an 1534, le roi François I$^{er}$ érigea en duché les châteaux et terres de Valmont, de Clenville, des Loges, de Berneval, du Bec-de-Mortagne du Haistré, de Ranville, de Varengeville, de Hautot-sur-Dieppe, etc.

Le duc François de Bourbon étant mort en 1546, la terre de Valmont et tout le duché d'Estouteville, échut par héritage à Marie de Bourbon, sa sœur, qui prit alliance, le 2 juillet 1563, avec Léonor d'Orléans, duc de Longueville, et par son mariage, duc d'Estouteville et seigneur de Valmont. Les autres ducs d'Estouteville et seigneurs de Valmont, de la maison d'Orléans, furent : Charles d'Orléans, mort en bas-âge ; — Henri d'Orléans, souverain de Neufchâtel et de

Wallengin. pair et chambellan de France, décédé
à Amiens le 29 avril 1595 ; — Henri d'Orléans II,
duc de Longueville, gouverneur de Normandie,
mort à Rouen le 11 mai 1663 ; — Jean-Louis-
Charles d'Orléans, pair de France, connétable héréditaire de Normandie ; — Charles-Louis d'Orléans, tué près du fort de Tolhui le 12 juin 1672.

Devenu la propriété de Marie d'Orléans, duchesse
de Nemours, le duché d'Estouteville passa par héritage, en 1707, dans la maison de Goyon de
Matignon.

Le chef de nom et d'armes de cette maison était
alors Jacques III de Goyon, sire de Matignon,
compte de Thorigny et prince de Monaco, dont les
descendants possédèrent Valmont jusqu'à la révolution. M. Lecoq acquit cette terre des héritiers du
prince de Monaco, et la revendit à M. le comte
Hocquard, gendre du maréchal de Lauriston. M.
Barbet (Henry), ancien maire de Rouen et ancien
pair de France, est propriétaire, depuis 1840 environ, du château de Valmont.

Une grande partie du château de Valmont offre
les caractères propres au style de la renaissance.
L'aile du midi fut bâtie par François de Bourbon,
duc d'Estouteville en 1550.

La portion la plus ancienne du manoir, est un

15.

spécimen remarquable de l'architecture militaire du moyen-âge. Construite partie en brique, partie en pierre de taille, ceinte d'un ravin profond, et percée de nombreuses meurtrières, la vieille forteresse présente encore l'aspect menaçant que la féodalité imprime à toutes les constructions destinées à la protéger; sa vue éveille mille souvenirs historiques et rappelle les grandes luttes du XVe siècle, auxquelles elle prit une part active.

En 1419, le château de Valmont tomba au pouvoir des Anglais après un long siége, et resta en leur pouvoir jusqu'en 1435. Cette année là, les paysans cauchois ayant à leur tête un d'Estouteville, firent un puissant effort pour délivrer la contrée de la domination anglaise, exécrée et maudite. Ils réussirent à s'emparer de la place, et s'en constituèrent eux-mêmes les gardiens sous la bannière seigneuriale. Leur triomphe ne fut pas de longue durée; dès 1439 l'étendard des d'Estouteville disparut pour faire place au drapeau anglais, dont la ténacité triompha du courage des braves cauchois.

Trente et quelques années après, le territoire de Valmont vit de nouveau reparaître les horreurs de la guerre. Le fameux Charles-le-Téméraire, comte de Charolais, et depuis duc de Bourgogne, était venu camper en un lieu que les habitants du pays nomment le *Vieux-Châtiau*. Les troupes de ce prince que la garnison de Saint-Valery-en-Caux avait repoussé et battu, se vengèrent cruellement de leur défaite sur les habitants de Valmont. Les plus horribles représailles signalèrent leur présence; mais ces excès eurent pour résultat d'exaspérer la population et de lui faire mieux comprendre tout l'intérêt qu'elle avait à seconder les défenseurs du château, afin de chasser de la contrée cette troupe de pillards. Aussi Charles-le-Téméraire, harcelé sans cesse par les gens du pays qui s'étaient organisés militairement, ne put réussir à s'emparer de la forteresse, il quitta son lieu de campement pendant la nuit et s'enfuit précipitamment vers Fécamp, non sans avoir subi de grandes pertes.

Un autre souvenir historique se rattache au château de Valmont : ce fut dans son enceinte, à l'autel de la chapelle seigneuriale, que se célébra le mariage d'Adrienne d'Estouteville et de François de Bourbon, comte de Saint-Pol, en présence du chevaleresque monarque François I<sup>er</sup>, de la reine et des principaux officiers de la couronne.

Les habitants de Valmont et des environs gardèrent longtemps mémoire des réjouissances qui eurent lieu à cette occasion. La munificence royale avait voulu que tout le pays prît part à la fête.

D'immenses tables dressées en plein air, près du château, et libéralement entretenues de viandes et de vin depuis le matin jusqu'au soir, reçurent gratuitement tous les convives qui se présentèrent, et toute la nuit, villageois et villageoises dansèrent au son des vielles et des cornemuses payées par le trésor du roi.

## ABBAYE DE VALMONT

Nous avons dit que ce couvent avait été fondé par Nicolas d'Estouteville. Sa fondation eut lieu d'après les historiens les mieux accrédités en 1169. Le monastère de Hambie, au diocèse de Coutances, de l'ordre de Saint-Benoît et fondé en 1145, lui fournit les premiers religieux ; l'abbaye de Valmont n'a donc pu être créée en 1116, comme le prétend un écrivain normand, puisque le couvent de Hambie, d'où ses premiers hôtes furent tirés, n'existait pas encore. En effectuant cette fondation qui fut placée sous le vocable de Sainte-Marie, Nicolas d'Estouteville la dota de biens considérables, notamment de la forêt de Riville, d'un domaine et de trois hébergements, deux situés à Riville, l'autre à Tiétreville, d'une partie de la forêt des Loges, des

moulins de Ganzeville et du Gué, d'un pré à Grand-
camp, de 40 acres de terre situés partie à Troude-
ville, partie à Tiergeville. A ces dons vinrent se
joindre dans les années suivantes, d'autres conces-
sions dues à divers membres de la famille d'Estouteville et aux seigneurs leurs voisins. C'est ainsi
que l'abbaye de Valmont fut mise en possession
des églises des Loges, de Tiergeville, de Carville-
Pot-de-Fer, de Gommerville, de Manneville, de
Saint-Vigor-d'Imonville, de Doudeville et de près
de 300 acres de terre à Cauville-Pot-de-Fer à Tron-
quay-sur-Valmont, à Stigal, aux Loges, à Hacqueville, à Gonfreville et à Vittefleur.

D'après la chronique de Fécamp citée par le P.
Labbe dans sa *Nova Bibliotheca*, la dédicace de
l'abbaye de Valmont aurait été célébrée en 1173,
bien que l'église abbatiale, commencée en 1169,
ne fut pas encore terminée.

L'abbaye eut une existence accidentée par des
malheurs de toutes sortes. Vers 1228, le chœur
de son église s'écroula, elle fut saccagée en 1415
et en 1425 par les Anglais, en 1562 par les protestants et en 1589 par les ligueurs. Le 3 octobre
1671, les flammes détruisirent une partie des
bâtiments claustraux. Trois ans après, la foudre
mit le feu à la charpente de l'église qui fut entière-

ment consumée; enfin, vers 1730, la nef tomba en ruines, et cette catastrophe fut bientôt suivie de la chute du cloître que l'on avait rétabli après le désastre de 1671.

L'abbé Louis de la Fayette essaya en 1676 d'introduire la réforme de la congrégation de Saint-Maur dans le monastère de Valmont qu'il tenait en commande. Mais pour des causes qui ne nous sont pas connues, il dut renoncer à son projet. Cette tentative fut renouvelée par l'abbé de Lort de Sérignan de Valras, et cette fois elle eut raison des obstacles devant lesquels avait cédé M. de la Fayette. Six religieux de la congrégation de Saint-Maur s'installèrent à Valmont dans le courant de juillet 1753.

M. Guilmeth, dans ses *Notices historiques sur quelques localités de l'arrondissement d'Yvetot*, prétend que l'abbaye fut définitivement supprimée par décret de l'archevêque de Rouen, quelques années avant la révolution. Nous ignorons sur quels titres repose cette assertion à l'appui de laquelle M. Guilmeth eut dû produire des preuves. Quant à présent, tout porte à croire que les religieux restèrent à Valmont jusqu'en 1790. Cette opinion est exprimée du reste par M. l'abbé Cochet, dans son remarquable ouvrage sur les *Églises de l'arrondissement d'Yvetot*, p. 156.

Le dernier prieur de Valmont fut dom Montois, mort à Sanvic en 1830.

En 1791, le 11 juillet, l'abbaye mise en vente au district de Cany, fut adjugée à MM. Bataille et Frébourg, au prix de 50,300 livres. Par suite du partage fait entre les acquéreurs, M. Bataille eut l'église et les bâtiments claustraux, et M. Frébourg, l'abbatiale.

Par l'énumération des dons faits au monastère de Valmont lors de sa fondation, on a vu que cet établissement était alors un des plus riches de la contrée. Les désastres dont il fut victime dans les XVe, XVIe et XVIIe siècle, eurent pour résultat de le forcer à aliéner une grande partie de ses propriétés foncières.

En 1790, on lui attribuait 8,000 livres de revenu, sa taxe en cour de Rome, était de 500 florins.

Les ruines de l'abbaye ont été suffisamment étudiées et décrites au point de vue archéologique par le savant antiquaire M. l'abbé Cochet, qui leur a consacré une excellente notice à laquelle nous renvoyons le lecteur. (1)

Nous nous occuperons seulement ici de la chronologie historique des abbés de Valmont. Dans la

(1) Les églises de l'arrondissement d'Yvetot, par l'abbé Cochet, 11 p. 156 et suivantes.

première édition du *Gallia Christiana*, il n'est
nullement fait mention des abbés de ce monastère.
En revanche, la grande édition présente sur ce
sujet des développements importants ; mais ces
documents quelque précieux qu'ils soient, sont
encore insuffisants, et il nous a paru utile pour
l'histoire ecclésiastique de Normandie, de complé-
ter le travail des savants bénédictins, de le rectifier
même, et d'y ajouter de nouveaux renseignements
héraldiques comme nous l'avons fait pour l'abbaye
de Fécamp.

# CHRONOLOGIE HISTORIQUE DES ABBÉS

## DE NOTRE-DAME-DE-VALMONT

---

## PREMIER ABBÉ

### 1169—1211.

Geoffroy, issu d'une illustre maison d'Angleterre
et moine du monastère de Hambie, paraît avoir
été le premier abbé de Valmont. Nommé en 1169

par Rotrou de Warwich, archevêque de Rouen, du consentement de Nicolas d'Estouteville fondateur du monastère, il obtint du pape Luce III une bulle qui confirma toutes les donations pieuses que l'établissement venait de recevoir. Les chanoines de Beaulieu ayant soulevé quelques difficultés au sujet des défrichements entrepris dans la forêt de Lillebonne par les moines de Valmont, en 1200, Geoffroy porta l'affaire devant le tribunal de l'archevêque de Rouen et obtint gain de cause. Cet abbé mourut en 1211 et fut enterré dans le chœur de l'église.

## DEUXIÈME ABBÉ

### 1211 — 1228.

Nicolas Ier, successeur de Geoffroy, contribua de tout son pouvoir à l'achèvement de l'église abbatiale. Sous son administration, le monastère comptait 26 moines. Décédé en 1228, il eut sa sépulture dans l'abbaye, près du tombeau de son prédécesseur.

# TROISIÈME ABBÉ

## 1228—1262.

Pendant l'administration de Pierre I<sup>er</sup>, Rigaud, archevêque de Rouen, donna l'ordre de relever le chœur de l'abbaye qui s'était écroulé en 1228. Dans le journal de ses visites pastorales, ce prélat rend une justice éclatante à la piété, au zèle et à la sagesse du gouvernement de l'abbé Pierre ; frappé de cécité vers 1250, cet abbé continue néanmoins d'administrer le couvent jusqu'en 1262, époque à laquelle il fut contraint de donner sa démission. La date exacte de sa mort est ignorée ; on sait seulement qu'il fut enterré dans l'abbaye.

# QUATRIÈME ABBÉ

## 1262—1264.

Un religieux nommé Vincent, succéda en 1262 à Pierre I<sup>er</sup>, il fut installé par l'archevêque de Rouen. Le registre des visites pastorales du prélat nous apprend que l'abbé de Valmont avait une conduite qui n'était pas toujours conforme à la règle de l'ordre. La mort de l'abbé Vincent arriva en 1264. Il eut sa sépulture dans l'abbaye de Valmont, près du maître-autel.

# CINQUIÈME ABBÉ

## 1264—1304.

Nicolas de Cumelier, dit *Meslin,* 5ᵉ abbé de Valmont, fit fleurir la piété et la sainteté monastique dans l'établissement. De son temps, Odon Rigaud visita le monastère, introduisit quelques réformes dans le règlement, et fit conduire à la prison de Rouen un religieux qui s'était rendu coupable d'infidélité dans la gestion des biens du couvent. Nicolas de Cumelier mourut le 6 décembre 1304 et fut enterré dans l'abbaye, près du maître-autel au côté de l'épître.

### ARMOIRIES.

Nicolas de Cumelier portait : *de gueules à 3 merlettes de sable 2, 1.*

# SIXIÈME ABBÉ

## 1304—1315.

L'abbé Gauthier, successeur de Nicolas de Cumelier, s'appliqua à faire revivre la discipline mo-

nastique que les religieux avaient un peu négligée
depuis la mort de l'austère archevêque de Rouen
Odon Rigault, décédé en 1276. C'est tout ce que
l'histoire nous apprend sur cet abbé.

## SEPTIÈME ABBÉ

### 1315—1329.

Robert Ier prit possession de l'abbaye en 1315.
on présume qu'il était de la maison d'Estouteville.
Il mourut en janvier 1329.

## HUITIÈME ABBÉ

### 1329—1330.

Pierre II, élu abbé de Valmont en 1329, fit faire
quelques embellissements dans l'église abbatiale.
Sa mort arrivée en 1330, un an à peine après sa
prise de possession, ne lui avait pas permis de
mener à fin les projets qu'il avait conçus pour la
restauration complète du monastère. (1)

(1) Nous n'avons pas pu découvrir les armoiries des
1er 2e, 3e, 4e, 6e, 7e et 8e abbés de Valmont

# NEUVIÈME ABBÉ

## 1330—1378.

Raoul d'Estouteville administra l'abbaye de Valmont de 1330 à 1378 ; il la quitta à cette époque pour remplir les fonctions d'archidiacre d'Eu, et pour un canonicat de N.-D.-de-Rouen. Nous ne connaissons pas la date de sa mort.

### ARMOIRIES.

Raoul d'Estouteville portait : *burelé d'argent et de gueules de dix pièces ; au lion de sable brochant sur le tout.*

# DIXIÈME ABBÉ

## 1378—1414.

Gérard de la Roche, successeur de Raoul d'Estouteville, attacha son nom à la fondation de la chapelle de N.-D.-de-Pitié dans l'église abbatiale de Valmont. Il mourut en janvier 1414. A la fin du XVII<sup>e</sup> siècle on voyait encore son tombeau dans l'abbaye, sous une des ailes du chœur, du côté de l'évangile.

ARMOIRIES.

Gérard de la Roche portait : *d'azur au chevron d'or, accompagné de 3 écussons du même.*

# ONZIÈME ABBÉ

## 1444—1434.

Robert II de Sotteville, issu d'une ancienne famille originaire de Sotteville-sur-Mer, prit possession de l'abbaye en mars 1414. L'année suivante, le monastère fut saccagé par les Anglais, comme nous l'avons dit plus haut, et s'il échappa à une ruine complète, ce fut grâce à l'empressement de l'abbé Robert II de prêter serment de fidélité au roi d'Angleterre, mais cette soumission ne put le préserver d'un second saccagement qui eut lieu en 1424.

L'abbé Robert mourut le 10 mai 1434. D'après les auteurs du *Gallia Christiana*, il aurait été enterré dans l'église de Valmont, en un endroit de la nef situé entre le chœur et la chapelle de la Sainte-Vierge.

ARMOIRIES.

Robert II de Sotteville portait : *de gueules à la croix ancrée d'or.*

# DOUZIÈME ABBÉ

## 1434—1437.

Robert de Berseville est mentionné dans la précieuse collection de Gaignières (bibliothèque impériale), comme abbé de Valmont. Décédé en 1437, il eut sa sépulture dans l'abbaye devant la chapelle de la Sainte-Vierge.

Les auteurs du *Gallia Christiana* ont omis cet abbé dans leur chronologie des administrateurs de Valmont.

### ARMOIRIES.

Robert de Berseville portait : *d'azur à un écusson d'argent en cœur.*

# TREIZIÈME ABBÉ

## 1437—1454.

Richard Gascoin, successeur de Robert de Berseville, était originaire des environs de Coutances. Sa mort arriva le 12 mai 1454. Au temps où dom Beaumier rédigeait son *Recueil historique des évêchés et abbayes de France*, le tombeau de

Richard Gascoin existait encore dans l'abbaye de Valmont, du côté de l'évangile, dans le sanctuaire.

## ARMOIRIES.

Richard Gascoin portait : *d'argent à 3 feuilles de laurier en pairle de sinople, accompagné de 3 molettes d'éperon de gueules.*

# QUATORZIÈME ABBÉ

## 1454—1479.

Les religieux de Valmont ayant été autorisés par l'archevêque de Rouen à se choisir un abbé, nommèrent un de leurs confrères, Simon Pancheroust. C'est ainsi que les bénédictins, auteur du *Gallia Christiana* ont écrit le nom du successeur de Richard de Gascoin. Les manuscrits de Gaignières appellent ce personnage Symon Pruchemort ; mais nous préférons la première version qui a été également adoptée par M. l'abbé Cochet.

On place la mort de Simon Pancheroust au 3 novembre 1479. Il fut enterré dans le chœur de l'église abbatiale.

## ARMOIRIES.

Simon Pancheroust portait : *d'azur à 2 rencontres de cerf d'or*

# QUINZIÈME ABBÉ

## 1479—1496.

Simon Pancheroust eut pour successeur **Chrétien Leure** ou le Lieure, originaire de Rouen, et qui administra le monastère de Valmont jusqu'en 1496. Le tombeau de cet abbé, détruit avant le XVIII<sup>e</sup> siècle, avait été placé dans l'église abbatiale, devant l'arcade du crucifix. L'inscription que l'on y lisait rappelait que Chrétien Leure élu abbé en 1479, était décédé le VI des ides de mai 1495.

### ARMOIRIES.

Chrétien Leure portait : *d'azur au chevron d'or, accompagné en chef de 2 roses d'argent, et en pointe d'une aigle éployée de même.*

# SEIZIÈME ABBÉ

## 1496—1505.

Les religieux de Valmont, à la mort de Chrétien Leure choisirent pour lui succéder Pierre Rezant qui avait été désigné à leurs suffrages par le cardinal Georges d'Amboise I<sup>er</sup>, archevêque de Rouen.

Ce prélat chargea l'évêque de Philadelphie d'installer le nouvel abbé. Pierre Rezant mourut en 1505. On présume qu'il fut enterré dans l'abbaye.

Pierre Rezant portait : *de gueules à une tour d'argent.*

# DIX-SEPTIÈME ABBÉ

## 1505—1507.

Louis d'Estouteville fut le premier abbé commendataire de Valmont en 1505. Il était fils de Jacques, sire d'Estouteville et de Valmont, conseiller et chambellan du roi, capitaine de Falaise, et de Louise d'Albret de Tartas. Cet abbé tenait également en commende le monastère de Savigny. Il est décédé en janvier 1517 et eut sa sépulture dans l'église abbatiale de Valmont.

Louis d'Estouteville portait : *burelé d'argent et de gueules de 10 pièces ; au lion de sable brochant sur le tout.*

# DIX-HUITIÈME ABBÉ

## 1517 — 1558.

Jean Ribaud, abbé du Bec-Hellouin, avait été renvoyé de ce monastère et dépouillé de son bénéfice pour des causes que nous ignorons. L'histoire prétend qu'en abandonnant le Bec-Hellouin, il emporta le trésor et tous les vases sacrés et qu'il se réfugia à Rouen, où il fut pourvu des fonctions d'archidiacre du Grand-Caux, par le cardinal Georges d'Amboise II, archevêque de Rouen. En 1517 il obtint l'abbaye de Valmont et employa une grande partie des richesses provenant de l'abbaye du Bec, à la restauration du monastère dont l'administration venait de lui être confiée. On lui doit la reconstruction du chœur de l'abbaye et des chapelles qui l'entourent. Il mourut en juillet 1558 et fut enterré dans la chapelle de la Sainte-Vierge qu'il avait fait construire.

Jean Ribaud était né à Rouen vers 1487. Sa famille, une des plus anciennes de Normandie et qui aujourd'hui est représentée (1859) par MM. Pierre-Henri Ribault de Laugardière, avoué à Nontron, Jacques-Louis-Hippolyte Ribault de Laugardière et Charles-Prosper Ribault de Laugardière, était originaire de Bretagne; elle vint s'établir à Rouen au commencement du XVᵉ siècle; un de ses membres, Albert Rigault avait accompapagné Guillaume-le-Conquérant en Angleterre.

On trouve une notice curieuse sur cette maison dans le *Calendrier des familles nobles de France* (1856) pages 45 et suivantes.

### ARMOIRIES.

Jean Ribaut portait : *de gueules à la fasce d'azur, chargée de 3 besants d'or, et accompagnée de 3 croix ancrées d'argent, 2, 1 ; supports deux lions.*

## DIX-NEUVIÈME ABBÉ

### 1558—1564.

Charles II de Bourbon, cardinal, archevêque de Rouen, évêque de Beauvais et légat d'Avignon, pair de France, fut pourvu en 1558 de l'abbaye de Valmont, où il mit pour administrateur Abraham Vibert, un de ses vicaires généraux. Il assista au colloque de Poissy et aux états assemblés à Orléans, et travailla avec un soin particulier pour le bien de l'église contre les violences des novateurs. La faiblesse de son caractère fut cause que les principaux chefs de la Ligue s'en servirent pour le faire roi après Henri III, et ils le nommèrent Charles X pour exclure Henri-le-Grand, son neveu, de la couronne.

Il mourut le 9 mai 1590 à Fontenay-le-Comte. Dès 1564, il avait résigné son abbaye en faveur de Charles de Longueval, son grand-vicaire.

### ARMOIRIES.

Charles de Bourbon portait : *d'azur à 3 fleurs de lis d'or, à la cotice de gueules.*

# VINGTIÈME ABBÉ

## 1564—1566.

Charles de Longueval, vicaire-général du diocèse de Rouen, nommé abbé de Valmont en 1564, s'occupa peu de son abbaye à laquelle, durant son administration, il fit une seule visite pour régler quelques intérêts temporels. Décédé en décembre 1566, il fut enterré dans l'église cathédrale de Rouen.

### ARMOIRIES.

Charles de Longueval portait : *bandé de vair et de gueules de 6 pièces.*

# VINGT-UNIÈME ABBÉ

## 1366—1579.

Le successeur de Charles de Longueval, fut Nicolas de Breban, comme lui vicaire-général du diocèse de Rouen. Cet abbé mourut en 1579 et eut sa sépulture dans l'église de Saint-Etienne-des-Tonneliers de Rouen.

### ARMOIRIES.

Nicolas de Breban portait : *d'argent à 3 merlettes de gueules, et en cœur une étoile de même.*

# VINGT-DEUXIÈME ABBÉ

## 1579—1695.

Pourvu de l'abbaye de Valmont en mai 1579, Nicolas Touchard, comme presque tous les abbés commendataires, n'eut de relations avec le couvent dont il avait la charge, que pour en toucher les revenus ; c'était un homme plein d'idées ambitieuses et chimériques, dit un historien du XVIIᵉ siècle. Il avait été précepteur du cardinal de Bourbon, et il joignait toute la souplesse d'un courtisan à l'art d'en seigner. On lui attribue un pamphlet qui fit beaucoup de bruit en ce temps-là et dans lequel l'abbé Touchard attaquait assez violemment le roi de France· Cet abbé mourut en 1605.

ARMOIRIES.

Nicolas Touchard portait : *d'azur à la harpe d'argent.*

# VINGT-TROISIÉME ABBÉ
### 1605 — 1622.

L'histoire ne dit presque rien de Nicolas de Hacqueville, nommé abbé de Valmont en 1605 après Nicolas Touchard, on sait seulement qu'il mourut en 1622. Il était d'une famille de la Basse-Normandie.

ARMOIRIES.

Nicolas de Hacqueville portait : *d'argent au chevron de sable, chargé de 5 aiglettes d'or, et accompagnées de trois têtes de paon arrachées d'azur.*

# VINGT-QUATRIÈME ABBÉ
### 1622 — 1649.

Guillaume Hélye, religieux de la Sainte-Trinité-du-Mont, obtint l'abbaye de Valmont par l'entre

mise de François II de Harlay, archevêque de
Rouen, qui le nomma en outre son vicaire-général.
Sa mort arriva en 1640.

ARMOIRIES.

Guillaume Hélye portait : *d'azur au chevron
d'argent accompagné de 3 glands d'or.*

## VINGT-CINQUIÈME ABBÉ
### 1640—1664.

En raison de ses infirmités, Guillaume Hélye
avait eu pour coadjuteur dès 1638, Jacques Hélye,
son frère, comme lui religieux de la Sainte-Trinité-
du-Mont, et qui lui succéda en 1640. Décédé en
1664, Jacques Hélye eut sa sépulture dans l'église
cathédrale de Rouen.

ARMOIRIES.

Jacques Hélye portait : *d'azur au chevron d'or,
accompagné de 3 glands d'argent.*

## VINGT-SIXIÈME ABBÉ
### 1664—1670.

Nicolas Hélye, de la même famille que les pré-
cédents, fut pourvu de l'abbaye de Valmont en
mai 1664. Il mourut six ans après.

ARMOIRIES.

Nicolas Hélye portait : *d'azur au chevron d'argent, accompagné de 5 glands d'or, 3, 2.*

# VINGT-SEPTIÈME ABBÉ

## 1670—1729.

Louis II de la Fayette, nommé abbé de Valmont en 1670, fit ajouter aux bâtiments claustraux un dortoir, en vue de l'installation des bénédictins de la congrégation de Saint-Maur, qu'il se proposait de faire venir dans son abbaye. Nous avons vu plus haut que cette première tentative de réforme avait échoué, et que le projet conçu par Louis de la Fayette n'avait été réalisé qu'en 1753 par l'abbé de Lort. Louis de la Fayette mourut en 1712.

ARMOIRIES.

Louis II de la Fayette portait : *de gueules à la bande d'or et une bordure de vair.*

# VINGT-HUITIÈME ABBÉ

## 1729—1730.

Charles-Emmanuel-Thérèse de Froulay de Tessé, prêtre du diocèse du Mans, chanoine de l'église et comte de Lyon, vicaire-général de Rouen à Pontoise, chapelain de Sainte-Anne dans l'église du Mans, député de la province de Tours à l'assemblée générale du clergé de France tenu à Paris en 1725, aumônier du roi en 1726, fut nommé abbé de N.-D.-de-Valmont en mai 1729. Il mourut à Paris le 1er mai 1730, à l'âge de 33 ans.

### ARMOIRIES.

De Froulay portait : *d'argent au sautoir de gueules denché de sable.*

# VINGT-NEUVIÈME ABBÉ

## 1730—1765.

L'abbé de Froulay eut pour successeur Henri-Constant de Lort de Serignan de Valras, pourvu en juin 1730. Né à Béziers en 1691, d'une famille noble des plus anciennes du pays, l'abbé de Lort

fut sacré évêque de Macon le 27 juillet 1732. Sa
mort arriva en 1763 et il eut sa sépulture dans
l'église cathédrale de Macon.

### ARMOIRIES.

Henri-Constant de Lort de Serignan de Valras
portait : *de sable à une croix ancrée de gueules,
chargée d'une fleur de lis de même ; le tout sou-
tenu par deux levriers d'argent accolés de gueules.*

# TRENTIÈME ABBÉ

## 1763—1790.

N. Des Forges, dernier abbé commendataire de
Notre-Dame-de-Valmont, obtint ce bénéfice en
1763 et le conserva jusqu'à la révolution.

### ARMOIRIES.

N. Des Forges portait : *d'azur à 6 besants d'or,*
3, 2, 1.

# SANDOUVILLE

Le territoire de la commune de Sandouville, canton de Saint-Romain-de-Colbosc, arrondissement du Havre, présente des traces évidentes de l'occupation Romaine. Sur plusieurs points, en effet, on a trouvé des fragments de vases, des cendres, des ossements annonçant des sépultures du peuple conquérant. Il est fait mention de ces découvertes dans un *mémoire* de M. Fallue, *sur les travaux militaires des bords de la Seine et de la rive saxonique.* A ces preuves du séjour des Romains sur cette partie du littoral Normand, vient se joindre la présence d'un camp dont les archéologues attribuent l'établissement aux légions de Jules César.

Sandouville appartenait, dans le xii<sup>e</sup> siècle, à l'un des favoris de Henri 1<sup>er</sup>, roi d'Angleterre et duc de Normandie. Sous le règne de Henri ii, une partie du fief devint, à titre de donation, la propriété de l'ordre du Temple déjà possesseur de biens immenses dans cette contrée.

A la même époque, le reste du domaine fut acquis par une famille d'origine anglaise et qui, selon l'usage du temps, abandonna son nom patronymique pour prendre celui de fief.

La maison de Sandouville subsistait encore dans le xv<sup>e</sup> siècle. Un de ses membres prenait alors dans les actes publics les titres de maître d'hôtel du roi, de bailli d'Evreux, comme aussi celui de seigneur de Sandouville et d'Ouvéville-Houdetot ; il portait pour armes, *d'argent chargé de trois boucliers ou écus de gueules:*

La fondation de l'église paroissiale de Sandouville paraît due à la famille de ce nom.

Construite dans le xii<sup>e</sup> siècle sous le vocable de Saint-Aubin, elle reçut de notables agrandissements en 1500. Vers 1750 elle tomba dans un tel état de délabrement, que l'on dût songer à la rééditier. Toutefois, la reconstruction n'eut lieu qu'en

1766. Quelques parties anciennes qui furent conservées attestent encore aujourd'hui par leur caractère architectonique la date d'érection du monument primitif.

On doit regretter que l'architecte chargé des travaux n'ait pas également conservé une petite chapelle attenant à l'église, et qui aurait été bâtie par un seigneur de Sandouville au retour de la troisième croisade.

La tradition rattache la construction de cette chapelle, que l'on dit avoir été dédiée à *Notre-Dame-de-Protection,* à une légende populaire assez curieuse.

Dans le xii<sup>e</sup> siècle, comme nous l'avons dit, une portion du territoire de Sandouville appartenait à l'ordre du Temple, l'autre à la famille de Sandouville. Celle-ci possédait le fief, c'est-à-dire le bourg, le château seigneurial et une vaste étendue de terrain y attenant.

L'ordre avait son établissement militaire au sommet des falaises, du côté de Mortemer. Ses propriétés comprenaient, outre une partie des terres de Sandouville, les domaines féodaux de Saint-Vigor et de Saint-Jacques, relevant à foi et hommage simple de la forteresse de Tancarville.

La gestion du domaine du temple était confiée

à un membre de l'ordre, simple chevalier qui commandait à une cinquantaine de frères-servants. Il jouissait du fief presque en souverain maître et vivait dans une indépendance à peu près complète, en raison de l'éloignement de ses chefs et de la difficulté des communications.

Dévolue dans ces conditions à un homme brouillon et avide, l'administration devait être nécessairement marquée par des abus tyranniques, des désordres de toute nature, et par des différents avec les seigneurs voisins. C'est en effet ce qui eut lieu vers 1190, quand un nommé Frégasse, chevalier originaire d'Italie, fut placé à Sandouville par le grand-maître du temple, Robert de Sablé, pour gérer les propriétés de l'ordre.

Son premier acte de pouvoir fut d'exiger de ses serfs et vassaux des redevances énormes, sous le prétexte que le trésor de la corporation avait été épuisé pour les besoins du saint-sépulcre et par les frais de la dernière croisade, mais en réalité pour remplir ses propres coffres, et satisfaire au luxe orgueilleux qu'il affichait contrairement aux vœux d'humilité et de pauvreté qui liaient tous les membres de sa corporation.

Quelques redevanciers acquittèrent sans murmurer la taxe exigée, et par suite furent réduits à la misère, ceux qui osèrent faire entendre des protestations se virent jetés dans les prisons du Templier ; plusieurs, sans aucune forme de procès, périrent du supplice de la corde.

Cette abominable tyrannie plongea le pays dans la consternation. On parla de se révolter en masse, d'assiéger le chevalier dans son château, et de lui faire subir la peine qu'il n'avait pas hésité d'infliger à d'honnêtes habitants, pour quelques propos tenus dans un moment de juste exaspération.

Bientôt découverte, la conspiration fut encore pour Frégasse un nouveau prétexte à battre monnaie. Il imposa des taxes plus lourdes et se montra si exigeant et si cruel, que le plus grand nombre de ses serfs, pour échapper à sa vengeance se réfugièrent sur les domaines d'Enguerrand, alors seigneur de Sandouville.

Enguerrand accueillit les fugitifs avec bonté, les uns furent employés sur son fief aux travaux des champs, d'autres se firent soldats sous sa bannière.

En vain Frégasse réclama ses serfs pauvres gens qui alors étaient considérés comme faisant partie intégrante d'une propriété, absolument comme les animaux attachés à l'exploitation du sol. Toutes ses négociations échouèrent devant les refus énergiques d'Enguerrand dont la protection avait été

17.

promise solennellement et sur l'honneur aux réfu-
giés.

La fureur du templier fut au comble et il jura
par le tombeau du Christ de se venger cruellement
de ce qu'il appelait la félonie de son voisin. Quant
à présent, ne se sentant pas en force de lui faire
la guerre, il fit mine d'accepter la situation qui lui
était faite, et résolut d'attendre patiemment l'occasion d'assouvir sa haine.

Cette occasion ne se fit pas longtemps attendre.

Une troisième croisade contre les Infidèles se
préparait alors en France. De tous côtés, en Normandie particulièrement, peuple, clergé et noblesse
prenaient part au mouvement et s'empressaient de
concourir à la nouvelle expédition. Dans cette province, les principaux organisateurs étaient: Florent
de Hangest, et Osmond d'Estouville, ce dernier intime ami et compagnon d'armes d'Enguerrand de
Sandouville.

Enguerrand, aussi pieux que brave, accepte avec
joie la proposition qui lui fut faite par son ami,
comme à tous les seigneurs Normands de prendre
la croix. Il n'en fut pas de même du chevalier
Frégasse à qui sa qualité de défenseur du tombeau
du Christ, commandait pourtant plus qu'à tout autre une acceptation empressée. Il refusa, et pour

expliquer cette déterminaison, il fit valoir son état prétendu maladif, la pauvreté de son fief et le peu d'espoir qu'il fondait sur les résultats de l'expédition.

Surpris d'une pareille conduite, dont Frégasse seul eut pu dire le secret, les chevaliers normands crurent devoir insister plus vivement de façon à lui laisser entrevoir ce que son abstention aurait de honteux pour un chevalier du Temple. Cette considération demeura sans effet. Frégasse persista dans sa résolution, et souhaita ironiquement un bon voyage aux solliciteurs.

Son refus cachait un infâme dessin dont l'exécution devait suivre immédiatement le départ du seigneur de Sandouville.

En effet, à peine Enguerrand avait-il rejoint le corps expéditionnaire après avoir laissé la garde de son château et de ses domaines à un vieil intendant qui avait toute sa confiance, que le templier, à la tête de ses servants d'armes, envahit le fief de son voisin, mit tout à feu et à sang, détruisit même les récoltes sur pied, et s'empara du château de Sandouville, où il put d'ailleurs entrer sans beaucoup de difficultés, la forteresse étant défendue par une vingtaine de soldats seulement.

Le vieil intendant, une jeune personne, Étiennette, fille du seigneur de Sandouville, tous les hommes d'armes, et un grand nombre de paysans furent conduits au fief du Temple, et jetés dans les prisons. Frégasse couronna cet exploit par l'incendie du château, après toutefois en avoir tiré tous les objets ayant quelque valeur.

Sa vengeance était satisfaite, le riche butin enlevé aux propriétés de son ennemi comblait ses désirs et ses sentiments de vile cupidité, et pourtant, ses projets n'avaient pas reçu leur entier accomplissement. Il ambitionnait une alliance d'un sien neveu. Hubert Frégasse avec Etiennette, fille d'Enguerrand, qu'il avait amenée prisonnière dans sa forteresse.

Hubert Frégasse, le neveu du Templier, était l'être le plus disgrâcié de la nature qu'il fut possible de voir. D'une taille rabougrie et difforme, les cheveux d'un roux ardent, le visage contracté par une infirmité hideuse. il rappelait ces nains diaboliques qui d'après les légendes saxonnes présidaient la nuit aux rondes des sorcières dans les sablats, son caractère était du reste tel que les traditions populaires le prêtaient à ces êtres malfaisants. Il en avait les allures étranges, la malignité cruelle et les penchants pervers ; comme eux, il inspirait la répulsion et la terreur. et exerçait sur les esprits

une sorte d'empire auquel son oncle même, malgré
sa rudesse indomptable, se soumettait superstitieu-
sement.

En arrivant à Sandouville avec son parent, Hubert avait tout aussitôt remarqué la fille d'Enguerrand, belle personne de vingt ans, douée des plus
belles proportions de son sexe et des meilleures
qualités du cœur et de l'esprit. Il en était devenu
éperdument épris, et sans songer aux obstacles que la
nature avait mis à ses projets en le faisant naître
hideux et difforme, il avait résolu de l'épouser.
Bientôt instruit de ce beau dessein de son neveu,
le chevalier du Temple lui avait fait quelques observations tendant à lui en faire comprendre l'ex-
travagance. Mais l'influence diabolique du nain
avait triomphé dans cette circonstance comme
toujours des meilleures objections, si bien que
l'oncle lui avait promis sur serment de combler ses
vœux par tous les moyens possibles. L'enlèvement
d'Étiennette était donc un premier pas vers la réa-
lisation des promesses du Templier qui comptait
achever son œuvre au moyen des rigueurs de la
captivité et des tortures de la faim.

Au fond d'un cachot humide et où la lumière
du jour ne pénétrait jamais, la jeune fille pleurait
et demandait à Dieu de lui faire recouvrer la li-

Lerté. Elle était loin de supposer à quelles conditions Frégasse satisferait à sa demande. Aussi quand le Templier vint lui faire connaître ses intentions, elle tomba dans un violent désespoir et ne répondit que par ses larmes aux instances de son bourreau.

Les traits hideux du nain qui lui était proposé pour époux se présentèrent vivement à son esprit et la glacèrent d'effroi. Sa douleur, ses cris, ses pleurs, la prostation dans laquelle elle tomba ne purent émouvoir Frégasse. En terminant sa visite, il annonça à la malheureuse prisonnière que si elle persistait à repousser sa proposition, chaque jour sa nourriture serait graduellement diminuée jusqu'à ce qu'elle mourut d'inanition.

Les choses se passèrent comme le Templier l'avait dit. Chaque journée on vint apporter à Étiennette sa nourriture consistant simplement en un morceau de pain noir et de l'eau dont la quantité alla toujours s'amoindrissant. Cet abominable régime affaiblit tellement la pauvre enfant que bientôt elle n'eût plus la force de se mouvoir. La fraîcheur de sa jeunesse fit place aux signes de la décrépitude et son corps devint en peu de temps comme un squelette d'où la vie menaçait à chaque instant de s'échapper.

Cependant une épreuve si terrible ne put dompter la volonté à toutes les instances qui lui furent renouvelées par l'entremise du geôlier, car Frégasse n'eut pas osé paraître lui-même devant sa victime, elle continua de répondre par un refus.

Six mois s'écoulèrent, le Templier commençait à s'inquiéter du peu de succès de ses manœuvres d'autant plus que le bruit du prochain retour des croisés se répandait dans le pays. Non moins lâche que cruel, il trembla en envisageant les conséquences de sa conduite dont il n'avait pas suffisamment calculé la portée. Ces conséquences étaient d'ailleurs faciles à prévoir. Dépouillé de ses biens, atteint dans tout ce qu'il avait de plus cher au monde en la personne de sa fille, Enguerrand ne manquerait pas de faire appel à tous les seigneurs de la contrée pour l'aider à se venger de Frégasse. D'un autre côté, le chef de l'ordre, instruit de ce qui s'était passé, ordonnerait une enquête à la suite de laquelle un arrêt de mort serait indubitablement rendu contre le chevalier félon, ainsi que le portaient les statuts du Temple, lorsqu'il s'agissait du rapt d'une femme et quels que fussent d'ailleurs les motifs de l'enlèvement et de la séquestration.

Épouvanté de ses œuvres, Frégasse eut un instant l'idée de se soustraire aux terribles menaces de l'avenir en faisant cesser la captivité de la jeune fille et en réparant de son mieux les ravages qu'il avait commis sur les propriétés de son voisin. Mais les conseils diaboliques de son neveu paralysaient ce bon mouvement, et l'arrivée des croisés vint le surprendre au milieu de son indécision et de ses angoisses.

Les faits et gestes du Templier étaient connus de tout le pays, de sorte qu'à peine arrivé aux frontières de Normandie, Enguerrand de Sandouville fut instruit, dans tous leurs détails, des malheurs qui l'avaient frappé. Il n'y eut pas un de ses compagnons d'armes qui ne s'associât à sa douleur et ne lui offrit le secours de son bras. Au lieu de rentrer immédiatement dans leurs foyers où les affections de la famille les appelaient avec impatience, tous les chevaliers croisés voulurent accompagner Enguerrand jusqu'à Sandouville, pour lui aider à punir l'infâme Templier et à arracher Étiennette de ses mains. A cet effet, ils emmenèrent la plus grande partie de leurs gens de pied et de cheval. Le corps de troupes s'augmenta en outre d'une masse de volontaires du pays qui, eux aussi, avaient de justes représailles à exercer contre Frégasse. La coalition compta bientôt plus de 2,500 combattants ; c'était plus qu'il n'en fallait à cette époque pour conquérir une province.

Cependant l'orage ne s'était pas amoncelé à l'horizon sans que Frégasse en eût avis. Encouragé par son neveu, il se prépara à une résistance désespérée.

Son château, comme la plupart des forteresses de l'Ordre, offrait tous les moyens de défense que l'ordre stratégique d'alors pouvait fournir. Ses soldats étaient en petit nombre, mais c'étaient des gens habitués depuis longues années au métier des armes ; le plus grand nombre avait fait les guerres de l'Orient au service du Temple. Leur faiblesse numérique se trouvait d'ailleurs rachetée par la formidable position de la forteresse.

Lorsque les croisés parurent en vue du château, Frégasse arbora de ses propres mains l'étendard de son Ordre sur le donjon, et l'on put voir au loin les gestes insolents dont il accompagna cet acte de défi. Le cri de guerre de la maison de Sandouville répondit à sa bravade, et, sans perdre un instant, toutes les dispositions furent prises pour attaquer le repaire de l'impudent Templier.

Pendant ces préparatifs un singulier spectacle vint distraire l'attention des croisés.

Après avoir déployé au vent sa bannière. Frégasse, toujours sur les conseils du nain, son âme damnée, était descendu dans les cachots du châ-

teau et en avait tiré la malheureuse Étiennette
pour la conduire, chargée de chaînes, sur les remparts, de façon à ce qu'elle fut aperçue par les
assiégeants.

A quelques pas de la jeune fille, hâve, abattue,
devenue comme un spectre, un homme habillé de
rouge s'occupait de dresser pour elle une potence.
Près de là, se tenaient Frégasse et son neveu,
paraissant diriger de la voix et du geste les sinis-
tres apprêts.

A la vue de ce spectacle, Enguerrand de Sandouville fut atterré. Saisis d'horreur et d'indignation, ses compagnons voulaient que l'on donna
immédiatement l'assaut dans l'espoir d'arriver avant
l'accomplissement du crime qui se préparait. Un
seul proposa de dépêcher un parlementaire au
Templier et de lui demander des explications. Cette
opinion obtint l'assentiment d'Enguerrand, et aussitôt un chevalier croisé se dirigea vers la forteresse un panonceau blanc à la main.

Frégasse avait prévu la démarche de ses ennemis,
car, avant que l'envoyé n'eut quitté le camp, il avait
donné l'ordre de l'introduire par l'une des petites
redoutes qui communiquaient à la campagne par une
porte de sortie. Conduit à l'endroit où se faisaient
les apprêts du supplice, le parlementaire fut inter-

rogé par le Templier lui-même sur le but de sa
mission. Le chevalier ayant répondu qu'il venait
demander ce que signifiaient ces préparatifs d'exécution :

« Par le Saint-Sépulcre ! s'écria Frégasse, ce que
« cela signifie ? C'est que si avant le coucher du so-
« leil le sire de Sandouville n'a pas accepté certaines
« conditions qu'il me plaît de lui imposer, il verra sa
« fille pendue haut et court à cette potence comme
« une simple roturière ! »

Alors Frégasse exposa largement à l'envoyé ses
griefs contre Enguerrand, en arguant principale-
ment du préjudice que celui-ci lui avait causé en
retenant sur ses terres, les serfs échappés des domaines du Temple.

Il termina en disant que si le chevalier de Sandouville voulait sauver sa fille du supplice, il de-
vrait se reconnaître son vassal, à foi et hommage
lige, s'engager à lui payer une rente annuelle de
cinq livres d'or. Enfin consentir au mariage d'É-
tiennette avec son neveu Hubert, mariage qu'il
avantagerait de la donation de tous ses biens. « A
« ces seules conditions, ajouta Frégasse, cette
« jeune fille vivra ; il dépend de son père de la
« sauver. A une autre époque Enguerrand s'est
« joué de moi et de mes justes réclamations, parce

« qu'alors je n'étais pas en état de le combattre
« avec avantage. Aujourd'hui je tiens un moyen
« de vengeance, et par le Tombeau du Christ, je
« l'emploierai. Allez dire au chevalier de Sandou-
« ville que telle est ma volonté et que je lui donne
« jusqu'au coucher du soleil pour réfléchir et me
« faire connaître sa résolution. »

L'envoyé retourna au camp avec cette réponse
qui consterna Enguerrand et ses amis.

Quelque humiliantes que fussent les prétentions
de Frégasse en ce qui concernait la reconnaissance
de vassalité et une redevance annuelle de 5 livres
d'or, le chevalier de Sandouville n'aurait pas hésité à y donner son assentiment pour sauver sa
fille. Mais une alliance de son enfant avec le neveu
du Templier lui parut une condition monstrueuse
et inacceptable.

Cependant, le soleil descendait rapidement vers
l'horizon ; ses derniers rayons, dont la disparition
devait être le signal d'un crime exécrable, venaient
mourir en reflets rougeâtres sur la forteresse du
Temple. Frégasse et son neveu étaient restés sur
les remparts, à quelques pas du lieu de l'exécution
et attendaient le retour du parlementaire et l'expi-
ration du délai fixé. A genoux au pied du gibet,
Etiennette recommandait son ame à Dieu, dans

cet instant suprême. A côté d'elle se tenait l'exécuteur, les yeux fixés sur le Templier qui, d'un geste, allait ordonner l'assassinat.

Une grande agitation se manifestait parmi les croisés ; Enguerrand de Sandouville venait de se résoudre à tenter un assaut général. Il pouvait espérer qu'une attaque impétueuse détournerait l'attention de Frégasse et empêcherait l'accomplissement de ses menaces.

Quand, d'après son ordre, la troupe entière s'élança vers le château, munie de tout ce qui était nécessaire pour franchir les douves et escalader les murailles, le soleil venait de se coucher.

Frégasse parut peu s'émouvoir du mouvement de ses ennemis ; ses soldats étaient à leur poste, disposés à une énergique résistance. Tourné vers les assaillants, il indiqua d'un geste significatif le point de l'horizon où le soleil avait disparu, et d'un autre geste la potence et la victime. L'heure de mort était arrivée. Sur l'ordre du Templier, l'exécuteur accrocha la corde au gibet et passa une des extrémités du lien fatal au col d'Étiennette.

La vue de ces suprêmes préparatifs paralysa l'ardeur des croisés Enguerrand, brisé par l'émotion, ne savait quel parti prendre. Enfin, l'amour paternel l'emporte sur les autres sentiments qui l'agitent. Il se dirige au grand galop de son cheval vers l'entrée de la forteresse, pour annoncer à Frégasse qu'il accepte sans restriction ses conditions.

Mais dans ce moment, trois flèches sifflent dans l'air et vont frapper à mort le Templier, le nain et l'exécuteur, dont les cadavres tombent du haut des remparts dans les douves du château.

Les croisés saluent cet exploit inattendu d'une immense clameur, livrent aussitôt un assaut furieux à la place et franchissent, en un instant, fossés et murailles. Privés de chef, les soldats du Temple opposent peu de résistance ; ils sont poussés jusque dans les combles du château où on les fait prisonniers, et bientôt la bannière de Sandouville remplace, sur le donjon, l'étendard de l'ordre du Temple.

On ne saurait dépeindre les transports de joie d'Enguerrand en courant embrasser sa fille délivrée d'une façon si extraordinaire ; mais, bientôt, cette joie fit place dans son cœur à une cruelle émotion en présence des effets que la captivité et les horreurs de la faim avaient produit sur Etiennette. Lors de son départ pour la Palestine, il l'avait laissée parée de toutes les grâces de la jeunesse, et il retrouvait un pauvre corps brisé de souffrance, presqu'inerte, contenant à peine le souffle de la vie. Il hésitait à reconnaître son enfant. La voix d'Etiennette, qui avait aperçu son père, vint effacer pour un instant ses douloureuses impressions, et tout au bonheur de la revoir, il la serra dans ses bras en donnant un libre cours à ses larmes et à ses transports de joie. Dans la soirée même, la pauvre enfant fut remise à un savant médecin faisant partie de l'expédition des croisés, et qui, après l'avoir interrogée sur les causes de l'affreux état où elle se trouvait, put promettre à Enguerrand, non seulement de conserver la vie de sa fille, mais encore de lui rendre, la science et des soins assidus aidant, la santé et sa fraîcheur passées.

Ce tribut payé à l'amour paternel, Enguerrand songea à récompenser les archers dont les flèches, si adroitement dirigées, avaient frappé les bourreaux et miraculeusement sauvé Etiennette de la mort. Des hérauts d'armes, envoyés à cet effet, interrogèrent les chefs des croisés et leurs soldats. Mais quelques recherches que l'on fit, on ne put découvrir les auteurs de cet exploit. Chefs et gens d'armes furent unanimes à déclarer qu'aucune flèche n'était partie des rangs des assiégeants, et tous virent dans cet événement miraculeux la main toute puissante de Dieu.

C'est alors que, pour conserver le souvenir de la délivrance de sa fille, Enguerrand fit vœu de fonder dans l'église de Sandouville une chapelle sous le vocable de Notre-Dame-de-Protection, ce qu'il exécuta en rentrant en possession de ses domaines.

C'est cette même chapelle qui existait encore en 1756, et qui aurait dû être conservée par l'architecte lors de la reconstruction de l'église.

Quant à la forteresse du Temple, si l'on en croit la même légende, les croisés la démolirent malgré les protestations du chef de l'Ordre, et le soc de la charrue passa sur ses fondements. On croit aujourd'hui reconnaître son emplacement dans un vaste terrain, où de longues ondulations semblent marquer les anciennes douves et dont le contour est bordé de magnifiques arbres de haute-futaie.

# NICOLAS LEFEBVRE

## DIT LE BONHOMME PON-PON

ANCIEN MAITRE D'ÉCOLE ET CHEF DE LA MAITRISE A FÉCAMP

---

Quelques années avant la révolution, les voyageurs qui étaient admis à visiter l'intérieur de l'antique abbaye de Fécamp, ne manquaient jamais de s'arrêter avec curiosité dans la salle dite des Concerts, devant un grand tableau offrant le portrait d'un vénérable vieillard avec la légende suivante : *Le bonhomme Pon-pon, maître d'école à Fécamp.*

Quel était ce personnage si familièrement et si étrangement qualifié de *bonhomme Pon-pon*, et comment avait-il mérité l'honneur de figurer dans la galerie des tableaux du monastère, parmi les abbés de Fécamp les plus célèbres ? C'est ce que nous allons indiquer en quelques lignes.

Son vrai nom était Nicolas Lefebvre. Né en juillet 1657, en la paroisse de Croixmare-en-Caux, il montra, dès son jeune âge, de grandes dispositions pour l'étude. Ses parents, simples journaliers, ne pouvaient songer, en raison de leur pauvreté, à lui faire donner une éducation conforme à ses goûts. Mais ils firent tant et si bien près du curé de Croixmare, que celui-ci voulut bien se charger d'enseigner gratuitement à l'enfant, les éléments des langues française et latine.

Nicolas Lefebvre resta jusqu'à l'âge de vingt-deux ans à Croixmare, partageant son temps entre l'étude. sous la direction du bon curé, et les travaux de l'agriculture.

En 1679, il alla s'établir à Fécamp, où, avec l'autorisation de l'administrateur de l'abbaye, il ouvrit une école pour les jeunes garçons. Un chantre lai du couvent, avec lequel il se lia d'amitié, lui apprit la musique, et ses progrès furent tels qu'en peu de temps l'élève fut en état d'en remontrer au maître.

En ce temps-là, la maîtrise de Fécamp, autrefois célèbre, n'existait plus que le nom pour ainsi dire

Son chef, vieillard infirme, était depuis plusieurs
années dans l'impossibilité de remplir les devoirs
de sa charge, et pourtant, eu égard à son grand âge,
l'abbé de Fécamp le conservait dans son emploi. Le
premier jour de chaque année, le père Sébastien,
c'était le nom du chef de musique, ne manquait pas
de se présenter à la caisse de la communauté pour
toucher ses appointements, mais c'était à peu près
là le seul de ses actes qui fît souvenir de son existence comme maître de chapelle. Sa place était dé-
générée en sinécure. Au demeurant, c'était un excel-
lent homme, humble, plein de droiture, et la preuve,
c'est qu'ayant reconnu dans Nicolas Lefebvre d'é-
minentes qualités pour faire un bon maître de chapelle, il fut le premier à faire des démarches pour
qu'on le pourvût de cette charge en son lieu et
place.

Nicolas Lefebvre fut en effet nommé chef de musique à l'abbaye, mais il ne resta pas en arrière de
bons procédés avec le vieillard : il mit pour condition à son acceptation, que le père Sébastien conti-
nuerait de toucher ses appointements comme par le
passé, tandis que lui-même exercerait gratuitement
ses fonctions, sans cesser cependant de tenir son
école où il trouvait un moyen d'existence bien suf-
fisant.

Les choses ainsi arrangées, le nouveau maître de chapelle s'occupa activement de réorganiser la musique de l'abbaye. Par ses soins, de nombreux élèves, choisis dans la population de Fécamp et dans les paroisses voisines, furent formés ; les anciens chantres durent se perfectionner dans l'art musical : leur nombre fut porté à douze, et, bientôt, l'antique abbaye entendit sous ses voûtes, comme à ses plus beaux jours, de magnifiques concerts qui ajoutèrent à l'éclat des cérémonies toujours si brillantes et si pompeuses dans ce monastère.

La maîtrise de Fécamp reconquit en peu d'années son ancienne célébrité, si bien que les amateurs de bonne musique vinrent de fort loin pour assister aux offices de l'abbaye. Nicolas Lefebvre mit le comble à sa réputation en composant pour diverses fêtes des motets et des hymnes qui attestèrent à la fois son talent littéraire et musical.

Ce maître de chapelle, ou maître d'école comme on voudra, car il cumula ces deux fonctions jusqu'à sa mort, fournit un des exemples les plus remarquables de longévité que l'on puisse citer dans nos contrées.

Né, comme nous l'avons dit, en 1657, il mourut en 1761, ayant vécu par conséquent 104 ans.

À l'âge de 100 ans, il essayait encore de jouer du

serpent, mais ses organes étant devenus très-faibles,
il pouvait à peine tirer un son de son instrument.
Aussi ses anciens élèves riaient de l'inutilité de ses
efforts et se plaisaient à imiter les effets qu'il pro-
duisait en soufflant dans son serpent : *pon-pon !
pon !* si bien que le nom de *Pon-pon* lui fut donné.
Du reste, le vieux musicien s'accommodait gaiement
de ces innocentes railleries et de son surnom.

A la mort du vénérable centenaire, M. de Montboissier de Canillac, abbé de Fécamp, fit faire son
portrait par un des peintres les plus habiles de Paris et voulut qu'il fut placé dans la salle des Concerts de l'abbaye, comme un souvenir des services
qu'il avait rendus à la communauté.

D'après ce que nous avons dit de la célébrité dont
Nicolas Lefebvre avait joui comme musicien, il
n'est pas surprenant que les journaux de l'époque se soient occupés de lui, et aient cru devoir si-
gnaler quelques traits de sa vie.

Voici entre autres particularités rapportées par
les feuilles publiques celle que nous trouvons dans
le n° du 20 janvier 1776 des *Annonces, affiches et
avis divers de la haute et basse Normandie*, journal hebdomadaire, qui devint plus tard quotidien
sous le titre de *Journal de Rouen*.

« A l'âge de 80 ans, raconte ce journal, *le bon-*

« *homme Pon-pon* eut une grande maladie pendant
« laquelle il reçut les derniers sacrements.

« Déjà sa vue s'éteignait ; le médecin l'avait aban-
« donné en disant de lui donner tout ce qu'il de-
« manderait. Un voisin, avec lequel il buvait quel-
« quefois de l'eau-de-vie, vint le voir et lui proposa
« d'en goûter encore avant que de mourir.

« Ah ! reprit avec peine le malade, je n'en puis
« plus, j'ai déjà les yeux morts.

« Le voisin lui ayant présenté un peu d'eau-de-
« vie, le malade en avala quelques gouttes et parut
« reprendre vigueur. Sa vue s'éclaircit et sa santé
« se rétablit si bien qu'il ne but plus que de l'eau-
« de-vie pendant vingt-quatre ans qu'il a vécu de-
« puis. Une bouteille lui suffisait à peine par jour,
« mangeant d'ailleurs très peu : une once de pain
« par jour. »

On aurait pu considérer cette singulière anecdote
comme une réclame en faveur de l'eau-de-vie dont
à cette époque on vantait beaucoup les propriétés
médicinales, si le fait n'avait été attesté par un religieux de l'abbaye de Fécamp, ainsi que le constate
le *Journal de la Normandie*, à la fin de son récit.

Aucun des recueils biographiques relatifs à la
Normandie ne fait mention de Nicolas Lefebvre, et
pourtant, dans son humble sphère, il avait rendu des

services tels qu'il méritait bien cette faveur. En consacrant ces quelques lignes à sa mémoire, nous ne faisons qu'accomplir un acte de réparation et de justice.

# LE MOULIN DE LILLEBONNE

Le domaine féodal de Lillebonne, après avoir été l'apanage de la maison de Boulogne, issue des rois de France, passa dans la maison de Chatellerault, et de celle ci dans celle de Harcourt, vers 1280, par le mariage de Jeanne, fille d'Aimery, vicomte de Chatellerault avec Jean II de Harcourt, baron de Harcourt et de Nehou, vicomte de St-Sauveur, seigneur de Brionne, d'Angoville, des Trois-Pierres, de Roullebec, et autres terres et châteaux au nombre de quatre-vingts environ.

Jean II de Harcourt était un des guerriers les plus célèbres de son temps, sa bravoure, son humeur généreuse, ses exploits le firent parvenir aux plus

20

grandes charges de son siècle ; il fut connétable, maréchal et amiral de France, et mérita le surnom de *Preux*, sous lequel il est presque toujours désigné dans les chroniques.

Lorsqu'il prit possession de la terre de Lillebonne, vers 1281, les limites de ce fief n'avaient jamais été fixées d'une manière bien certaine.

Absorbés par les agitations politiques de l'époque, ses prédécesseurs s'étaient peu préoccupés du bornage de leurs propriétés qu'il eut été pourtant facile de régler au moyen des pièces conservées dans le riche chartrier du fief. Jusqu'alors, du reste, cet état de choses n'avait pas occasionné la moindre chicane entre les châtelains de Lillebonne et les propriétaires de terrains limitrophes.

Les bons rapports de voisinage ne cessèrent qu'à l'avènement de Jean de Harcourt, non pas par la faute de ce seigneur, qui était la loyauté même, mais du fait d'un voisin turbulent Guillaume IIIe du nom, seigneur de Tancarville chambellan de France.

Mettant à profit l'absence du vicomte de Chatellerault qui résidait le plus souvent dans le Poitou, Guillaume de Tancarville, peu de temps avant le mariage de Jean de Harcourt avec Jeanne de Chatellerault, s'était emparé d'un moulin situé aux portes de Lillebonne et dont les seigneurs de ce fief avaient la jouissance de temps immémorial. Instruit de cette usurpation qui remontait à quelques mois à peine lors de sa prise de possession, Jean de Harcourt somma le sire de Tancarville de lui rendre le moulin et les terres qui en dépendaient. Refus de la part de Guillaume ; nouvelle sommation du seigneur de Lillebonne. Bref, la guerre fut déclarée, et Jean de Harcourt dut rentrer en possession de son moulin par la force. Assisté de Guillaume de Harcourt baron d'Elbeuf et de la Saussaye, son frère, il s'installa dans la propriété, objet du litige, et battit les gens de Guillaume de Tancarville.

Aussitôt, celui-ci fit appel à ses vassaux et à ses amis, et marcha sur Lillebonne à la tête de 300 hommes.

Jean de Harcourt l'attendait de pied ferme. « Mais au lieu de se battre, dit une chronique contemporaine, Guillaume eut recours à des injures mal sonnantes à la bouche d'un seigneur de sa condition, provoquant le baron de Harcourt avec des mauvaises paroles, à savoir que qui ouvrirait le ventre au sire de Harcourt, il y trouverait une fourche à fumier, voulant dire par là que ce seigneur avait pour père un valet d'écurie, ce qui était faux, car il descendait de noble et puissante lignée. Cependant

Guillaume n'eut pas plutôt achevé, que le sire de Harcourt ne lui baillât un démenti et qu'il forçast avec ses gens les barrières qui étaient entre eux pour se battre, de manière qu'il y en eut plusieurs qui furent tués sur la place de tous les deux partis. »

Jean de Harcourt resta maître du terrain et son ennemi regagna précipitamment son château de Tancarville.

La querelle ne devait pas rester là.

Guillaume de Tancarville s'étant plaint des violences exercées contre lui à Philippe le Bel, alors régnant, celui-ci, voulut connaître du différend par lui-même; il fit ajourner les deux rivaux à comparaître à sa cour pour y conclure un arrangement.

Enguerran de Marigny, comte de Longueville, fut chargé de notifier l'ordre royal et de conduire ceux à qui il s'adressait à Rouen, où Philippe le Bel résidait depuis quelques jours.

Guillaume de Tancarville et Jean de Harcourt, aussitôt la réception de leur assignation, se dirigèrent vers Rouen, chacun avec une petite escorte de gens d'armes. Par un effet du hasard, les deux troupes s'étant rencontrées comme elles arrivaient à Auclair, à 4 lieues de Rouen, Jean de Harcourt aborda son adversaire et lui reprocha vivement sa conduite; la dispute s'échauffa, et des injures on en vint bien-

tôt à une mêlée dans laquelle Guillaume de Tan
carville eût un œil crevé et fut blessé à la jambe,
de sorte, dit la chronique, « qu'ils s'en retournèrent
dans leurs maisons, l'un craignant l'indignation du
roi, l'autre pour avoir recours aux remèdes. »

Depuis, le sire de Tancarville, guéri de sa blessure, alla trouver le roi, auquel il demanda la per-
mission d'appeler son adversaire en gage de bataille.

C'est alors qu'Enguerrand de Marigny, l'un des
favoris de Philippe le Bel, piqué au vif de ce que
Jean de Harcourt, cédant à un mouvement de colère, n'avait pas déféré à l'ordre qu'il lui avait porté,
de la part du roi, voulut favoriser près du monarque, les intérêts du sire de Tancarville. Il repré-
senta Jean de Harcourt comme un homme brouillon, ambitieux ; puis faisant ressortir avec force la
faute dont il s'était rendu coupable, en ne tenant
aucun compte de l'assignation royale, il demanda
qu'il fut proclamé lâche, félon, coupable de lèse-
majesté et puni comme tel.

Philippe le Bel allait céder aux conseils de son
favori, quand Charles de France, comte de Valois,
intime ami de Jean de Harcourt prit chaleureuse-
ment la défense de ce seigneur et se déclara pleige
et caution pour lui, offrant de défier au combat à

outrance, quiconque oserait qualifier son ami de chevalier félon.

Ce défi avait lieu en présence de Philippe le Bel.

Enguerrand de Marigny, se sentant appuyé de la faveur du roi, s'emporta outre mesure et donna un insolent démenti au comte de Valois. Cet emportement lui fit perdre la cause qu'il plaidait, et si l'on en croit l'histoire, il faudrait voir dans ce fait, dans cet oubli du respect que devait inspirer la présence du roi, la première cause de la disgrâce dont il fut frappé et qui eut la fin sanglante que chacun connaît.

Philippe le Bel, pour terminer le différend, ordonna la bataille entre les sires de Harcourt et de Tancarville suivant l'usage du siècle, et il fixa le champ clos à Lillebonne même, près du moulin, objet de la contestation. En même temps, il nomma juges du combat, Louis de France, roi de Navare, et Edouard, roi d'Angleterre, qui acceptèrent cette mission.

Au jour dit, Philippe le Bel se rendit avec les juges du combat à Lillebonne où se trouvaient déjà un concours immense de personnes de tout rang, désireuses d'assister à cette bataille qui devait offrir un vif intérêt, en raison de la haute position des champions et de leur égale réputation de bravoure.

On avait établi le champ clos dans une petite prairie entourée de palissades destinées à maintenir la foule. A l'une des extrémités de la prairie s'élevait une estradre pour le roi et pour les juges du combat.

Deux tentes placées vis-à-vis l'une de l'autre, étaient occupées par les sires de Harcourt et de Tancarville qui, à un signal donné, devaient entrer en lice.

Philippe le Bel s'étant placé sur l'estrade, entouré de son cortége, ordonna aux hérauts d'armes de proclamer le règlement de la bataille tandis que les deux champions se plaçaient devant leurs tentes, montés sur de vigoureux coursiers et armés de toutes pièces.

« Le sire de Harcourt, dit la chronique déjà citée, se présenta armé d'un harnois semé de fleurs de lys, qui pouvaient être les livrées du comte de Valois, dont l'écu était d'azur semé de fleurs de lys d'or, à une bordure de gueules ; ses habits brillaient d'or et de pierreries, qui n'accompagnaient pas mal son port si relevé ; il portait à son bras une grande targe de gueules fascée d'or de deux pièces merveilleusement éclatante, de laquelle il couvrait la meilleure partie de son corps, avec une tenue glorieuse, et une action toute superbe qui rendait un éclat extraordinaire, il portait pour timbre à la cime de son casque une queue de paon, qui paroissait à l'égal de plusieurs soleils, et deux redoutables lions témoins de sa valeur admirable, supportoient aussi son escu ; et d'autre part, le sire de Tancarville portait pour armes deffensives un grand escu de gueulles, auquel un écusson d'argent servait de renfort, autour duquel brilloit un orle d'Angemme d'or, et tout le reste de son ornement représentoit naïvement tous les honneurs qui estoient dus à son mérite et à sa condition. »

La lecture du règlement achevée les trompettes sonnèrent et les combattants ayant reçu leurs lances des mains de leurs écuyers, s'élancèrent l'un contre l'autre avec la rapidité de l'éclair. S'étant rencontrés au milieu de l'arène, leurs lances volèrent en éclats et ils faillirent être renversés tous deux par la violence du choc. L'un et l'autre s'armèrent de leur épée et se chargèrent avec toute la fureur qu'une animosité mortelle pouvait inspirer.

La lutte fut longue et opiniâtre, les deux rivaux déployèrent une égale adresse dans l'attaque et dans la défense, enfin le cheval du sire de Tancarville tomba frappé à mort et le cavalier roula sur la poussière, le pied embarrassé dans l'étrier dont

il ne put se dégager. Jean de Harcourt sauta sur-
le-champ à terre, et, posant la pointe de son épée
sur la gorge de son adversaire, il lui cria de se
rendre sinon de recommander son âme à Dieu,
mais à cet instant, les juges du combat jetèrent
leur bâton de commandement dans la lice et mirent
ainsi fin à la bataille.

Guillaume de Tancarville fut déclaré vaincu, et
comme conséquence de sa défaite, obligé de renoncer solennellement à tout droit de propriété sur le
moulin de Lillebonne qui demeura acquis au sire
de Harcourt. Toutefois, d'après le désir du roi et
des juges du combat, Guillaume de Tancarville, en
raison des pertes et dommages qu'il avait soufferts,
eut autorisation de prendre, tous les ans, cinquante livres sur le fief de Lillebonne. De plus,
Philippe le Bel ordonna que Jean de Harcourt irait
en pèlerinage, par manière d'amende, à N.-D.-de-
Boulogne et du Puy, et à Saint-Thibaud ; que celui
qui avait crevé un œil au sire de Tancarville dans
la rencontre de Duclair serait relégué en Chypre ;
que celui qui l'avait blessé à la jambe irait faire
ses dévotions à Saint-Nicolas-de-Bar ; enfin, qu'un
nommé Foucault de Marle, qui avait proféré des
injures contre le sire de Tancarville à l'occasion de
la possession du moulin de Lillebonne ferait un

pèlerinage à N.-D.-de-Chartres. Toutes ces dispositions furent consacrées par une charte royale publiée au Parlement le jour de la fête de la Toussaint l'an 1296.

Ainsi se termina cette affaire dont tout l'honneur revint au sire de Harcourt, le brillant avantage qu'il avait remporté sur son adversaire ajouta à sa réputation de brave et preux chevalier et lui valut d'être tenu en haute estime par les personnages les plus éminents de l'époque. Charles de France comte de Valois garda si bon souvenir du fait d'armes de Lillebonne, qu'il légua par son testament daté de Paris le lundi avant Noël 1320, à Charles de Valois comte d'Alençon, son fils, l'épée dont le sire de Harcourt s'était servi dans le combat.

Jean de Harcourt mourut le 26 mai 1323. Trois ans auparavant, le roi lui avait fait don de la terre de Gravenchon et lui avait concédé un marché pour son fief des Trois-Pierres.

# LILLEBONNE

---

Lillebonne est une ville très-ancienne. Elle fut d'abord la capitale des Calètes, peuple qui avait successivement fait partie de la Gaule Celtique et de la Gaule Belgique, que les Romains appelaient Caleti, Calletœ ou Cadètes.

Cinquante et un an avant Jésus-Christ, la capitale des Calètes fut prise par Caius (Julius-César), qui la rasa de fond en comble.

Quand, sous le règne d'Auguste, on introduisit dans les Gaules le système administratif, civil et politique des Romains, l'emplacement de l'antique Calet reçut le nom de Juliobona. Auguste fit re-

construire la ville, qu'il dota de magnifiques établissements.

Juliobona si avantageusement placée, presqu'à
l'embouchure de la Seine, devint une ville impor-
tante et des plus puissantes. De toutes parts, de
nombreuses voies romaines vinrent y aboutir. Un
camp retranché, destiné tout à la fois à protéger
cette ville et le cours de la Seine contre les attaques des ennemis et un vaste théâtre s'étaient
élevés dans son enceinte. On découvre encore
quelques traces de ce camp antique, que devait
bientôt remplacer une forteresse véritable.

Le théâtre se trouvait en face et tout au pied du
camp. Sa façade, aujourd'hui détruite et rempla-
cée par une grille en fonte, avait 330 pieds d'étendue ; le pourtour intérieur de l'édifice, formé par
un corridor circulaire, est de 625 pieds. Les huit
*cunei* étagés sur la colline à laquelle est adossée
cette grande et majestueuse construction, étaient
jadis chargés de siéges ou bancs en pierre que l'on
a retrouvés confusément épars dans l'orchestre.
Cet orchestre et les huit *cunei*, l'avant-scène
*pros-scenium*, l'arrière-scène *post-scenium* avec
ses deux ailes ; les portiques jetés sur le côté,
avec le *podium* et l'entrée latérale de l'orchestre
qui lui fait face ; les murs de l'enceinte intérieure,

coupés par les sept vomitoires, dont les longs murs forment les loges de la *Summa Cavea*; enfin, le corridor du pourtour intérieur et les murs extérieurs de cet édifice si remarquables par leurs énormes éperons, tels sont les objets dont l'ensemble occupe une surface de 67 ares de terrain, et dont on voit encore aujourd'hui les ruines parfaitement bien conservées.

Cent quarante-cinq ans environ après Jésus-Christ, Juliobona n'avait encore rien perdu de sa splendeur. Les sciences et les arts y florissaient même alors, car c'est à cette époque qu'y furent moulés, fabriqués et dorés une foule d'objets en terre cuite, en fer, en cuivre ou en bronze, qui ont été depuis retrouvés dans les fouilles.

L'année 286 paraît avoir été funeste pour cette ville par l'invasion des Saxons, et c'est de cette époque que date la destruction du théâtre qui avait été transformé en forteresse.

En 392 et 395, Juliobona ne figure plus que comme place ordinaire, et le théâtre fut définitivement métamorphosé en citadelle. Quelque temps après, vers les trois dernières années du IVe siècle, on adapta à ce théâtre de nouvelles constructions et notamment une salle de bains qu'il est encore facile de reconnaître.

Au commencement du vi⁰ siècle, cette ville s'était considérablement relevée de ses ruines. Elle devint le siége ou chef-lieu d'un de ces cantons ou arrondissements ecclésiastiques si connus sous le nom de *doyennés* et *archidiaconés*. Parmi les évêques qui souscrivirent au concile de Châlons-sur-Saône en 650, on trouve un Betto, évêque de Lillebonne.

En 800, Charlemagne visita tout le littoral du pays de Caux, en commençant par Eu, continuant par Dieppe et Étretat et finissant par Lillebonne. On a trouvé dans cette dernière ville plusieurs médailles de cet Empereur.

En 834, les hommes du Nord renouvelèrent leurs attaques contre l'Empire frank, surtout contre le pays de Caux, et saccagèrent cette malheureuse ville qui, tant de fois déjà, avait été pillée.

Lillebonne n'en continua pas moins, malgré ces démolitions et ces outrages, de captiver l'attention des nouveaux maîtres du pays. Les ducs de Normandie en firent une de leurs résidences les plus chères et les plus habituelles. Guillaume-le-Conquérant surtout affectionnait ce séjour. Il y fit bâtir, au sommet de la colline, sur les débris de la forteresse romaine, un palais, où il fit décider, dans une assemblée des grands de son duché de Normandie, l'expédition, qui, le 14 octobre 1066, vint jeter par la bataille d'Hastings la couronne d'Angleterre à ses pieds.

Le conquérant vint souvent visiter son palais de Lillebonne. Il y était en 1071, lorsque l'archevêque de Rouen, Hugues de Bolbec, Adam de Raffetot, Roger Porchet, etc., accoururent lui présenter leurs hommages.

En 1080, le jour de la Pentecôte, ce monarque réunit dans son palais de Lillebonne tous les prélats, abbés, comtes et principaux seigneurs du duché de Normandie. Dans cette réunion furent discutés, approuvés et promulgués quarante-sept canons de discipline religieuse et plusieurs autres statuts et règlements d'ordre civil et politique.

Les successeurs de Guillaume-le-Conquérant vinrent souvent, à son exemple, habiter le palais de Lillebonne.

En 1114, Lillebonne continuait de figurer parmi les places les plus importantes du duché, mais vingt-quatre ans après, Étienne de Blois, roi d'Angleterre, s'étant emparé de la ville, la réduisit en cendres, cependant le château fut préservé.

Henri II, duc de Normandie, roi d'Angleterre, vint à Lillebonne en 1162.

La châtellenie et la terre de Lillebonne, avec

tout ce qui en dépendait, furent réunies au domaine de la couronne de France en 1204, et, dix-neuf ans après, furent cédées par le roi Louis VIII au comte Philippe de Boulogne, des mains duquel elles passèrent dans la riche et puissante maison d'Harcourt par le mariage de Jeanne de Chatellerault, petite-fille de Philippe de Boulogne, avec Jean II, sire d'Harcourt et de Brionne, maréchal de France.

C'est avec ce seigneur et Robert de Tancarville, son voisin, qu'il s'éleva une guerre si ridicule à l'occasion du moulin dont parle M. Grouvel, connu autrefois sous le nom de *Moulin enragé*.

De 1299 à 1303 on fit au château des réparations et augmentations considérables.

Les terres de Lillebonne appartinrent à la famille d'Harcourt jusqu'en 1446, époque à laquelle la forteresse fut prisse par Henri V, roi d'Angleterre.

En 1449, le château de Lillebonne fut rendu aux Français.

Le 5 janvier 1450, Charles VII, accompagné d'Agnès Sorel, du roi de Sicile, du comte de Saint-Pol, etc., passa par Tancarville et y fit les rois avec le comte Guillaume d'Harcourt. Le lendemain, ce prince, suivi de tout son cortége, fit son entrée à Lillebonne.

Après les victoires qui venaient d'expulser du sol de la France les hordes britanniques, le vieux Jean VII, comte d'Harcourt, se retrouva propriétaire de la terre et de la châtellenie de Lillebonne, qui passa dans la maison de Jean de Lorraine.

Le 30 mars 1496 elle échut à Jean IV de Rieux, sire de Rochefort.

A cette époque les habitants de Notre-Dame de Lillebonne s'occupaient de reconstruire à neuf la nef de leur église, gravement endommagée pendant la guerre des Anglais. La dédicace de la nouvelle église eut lieu sous l'invocation de la *Vierge-Mère*, le 23 avril 1517.

Cette église offre dans son ensemble une jolie construction du xv$^e$ et xvi$^e$ siècle. La flèche de pierre qui couronne si élégamment cette église fut terminée en 1537. Six ans après, en 1543, le tonnerre tomba sur la flèche et la renversa en grande partie. Le portail fut tellement ébranlé de cette secousse, qu'on le démonta en 1547. Après avoir rassuré ses bases, on le remplaça tel qu'il était avant la chute de la foudre. Ce portail existe encore aujourd'hui.

Jean IV de Rieux, baron de Lillebonne, d'Au-

cenis et de Rochefort, comte D'Harcourt, maréchal
et gouverneur de la Bretagne, maréchal de France,
etc., fut un des hommes les plus illustres de son
temps.

Claude I<sup>er</sup>, comte D'Harcourt, l'aîné de ses
quatre fils, fut châtelain de Lillebonne, il mourut
le 19 mai 1532.

A l'époque de la mort de Claude I<sup>er</sup>, on avait
cessé d'entretenir de la garnison dans le château
de Lillebonne; aussi en 1547 un corps de Gascons
et autres gens de guerre étant venu loger à Lillebonne, les habitants furent-ils victimes des désordres graves, tels que viols, déprédations et violences de toute nature dont cette soldatesque se rendit
coupable.

Claude II, sire de Rieux et de Rochefort, châtelain de Lillebonne, parut à la cour des rois de
France François I<sup>er</sup> et François II, sous le nom de
comte D'Harcourt, et mourut le 26 avril 1549, à
l'âge de 18 ans. Ses nombreux domaines passèrent
alors à Renée de Rieux, sa sœur aînée, qui avait
épousé Louis de Saint-Maure, marquis de Néelle
et comte de Joigny. Elle mourut en 1567 sans laisser d'enfants. Son énorme fortune retourna alors
à Claude de Rieux, sa sœur, comtesse de Montfort,
femme de François de Coligny. Leurs héritiers

conservèrent Lillebonne jusqu'au mois de décembre 1605, alors elle revint à Charles II de Lorraine, duc d'Elbeuf, qui mourut, accablé de dettes, à Paris le 30 novembre 1657. Ses créanciers mirent provisoirement le séquestre sur tous ses biens.

Le comté de Lillebonne fut vendu en 1702 à Angélique Falier, marquise de la Mailleraye, veuve de François D'Harcourt, marquis de Beuvron. Cette dernière le transmit à sa fille Anne Claude Bruslard de Genlis, qui le laissa à Anne-Pierre D'Harcourt son fils, qui fut duc D'Harcourt, pair de France, comte de Lillebonne.

En 1750, le roi Louis XV, visitant sa province de Normandie, passa par Lillebonne.

La maison de Croy devint propriétaire du château de Lillebonne, qui, à l'époque de la révolution, avait été confisqué sur François Henry D'Harcourt.

En 1835, M. Prosper Levesque, qui en devint propriétaire, a depuis fait tous ses efforts pour conserver à notre pays un des monuments historiques les plus précieux, un de ses plus beaux titres de noblesse.

Le 7 décembre 1794, l'emplacement du théâtre qui était comblé de terres, planté de pommiers, et dont on ne voyait que quelques pans de murailles, fut vendu comme propriété nationale à Pierre Caron, notre aïeul.

Le 30 décembre 1848, cet emplacement a été acheté par le département de la Seine-Inférieure, de la veuve Caron, notre grand'mère, moyennant une somme de 6,750 fr. de capital et 30 fr. de rente viagère. Nous devons dire que si cet emplacement fut vendu à si bas prix, c'est que l'on ignorait que dessous se trouvait un monument historique des plus remarquables, et que ce n'est qu'en faisant les travaux pour créer la route de Lillebonne à Rouen, qu'on découvrit les magnifiques ruines ; aussi chaque fois que notre grand'mère, décédée en 1855, passait devant le cirque, l'avons-nous entendu regretter la cession qu'elle en avait faite.

Il y avait lieu en effet à avoir de vifs regrets, car outre la valeur actuelle du cirque romain, le musée de Rouen, à lui seul, possède en médailles d'or, d'argent, de bronze, en statues, en armes, en vases, objets d'art, etc., etc., provenant des fouilles faites dans le théâtre, de quoi faire une fortune.

Aujourd'hui, le théâtre est entièrement à découvert et une magnifique grille en clot la façade.

Ce monument, avec l'église Notre-Dame et le vieux château de nos ducs, est digne au plus haut degré de fixer l'attention du voyageur, de l'antiquaire, de l'historien, de l'artiste et du poète. Ces trois édifices sont tout ce qui reste à Lillebonne de son ancienne splendeur.

Tel est en abregé l'histoire de notre pays natal, sur lequel **M. Auguste Guilmeth**, membre de plusieurs académies et sociétés, a publié en 1850 (1) une notice historique fort intéressante, dans laquelle nous avons puisé une grande partie de nos renseignements.

Une cause indépendante de la volonté de l'auteur l'ayant obligé à suspendre ses *Recherches Historiques*, nous avons cru devoir ajouter à cet ouvrage cette notice sur Lillebonne.

Ch. Hue.

Nota. — Ces travaux historiques ont déjà été publiés dans le *Journal de Fécamp* sous la signature E. Grouvel. Ce nom qu'avait pris par modestie l'auteur, cachait un pseudonyme, car ils sont dûs aux recherches de M^me E. de Busserolles.

(1) Rouen, imprimerie de Alfred Peron, quai de la Vicomté, 85

# TABLE DES MATIÈRES

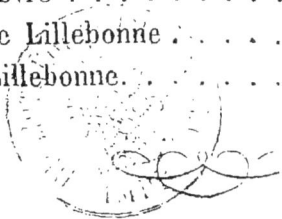

A. DURY, imp. à Fécamp.

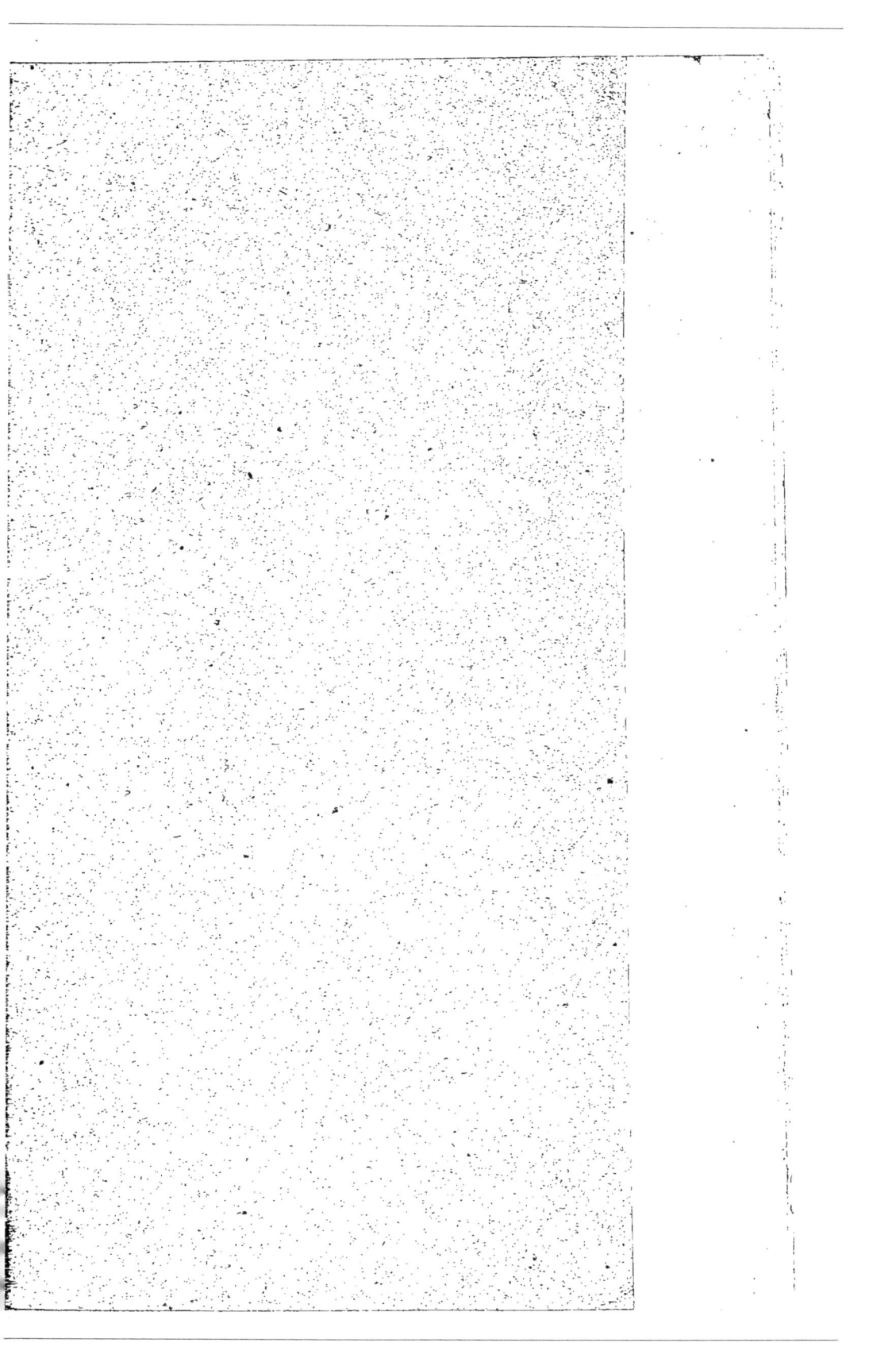

Imprimerie de A. DURY,
FÉCAMP

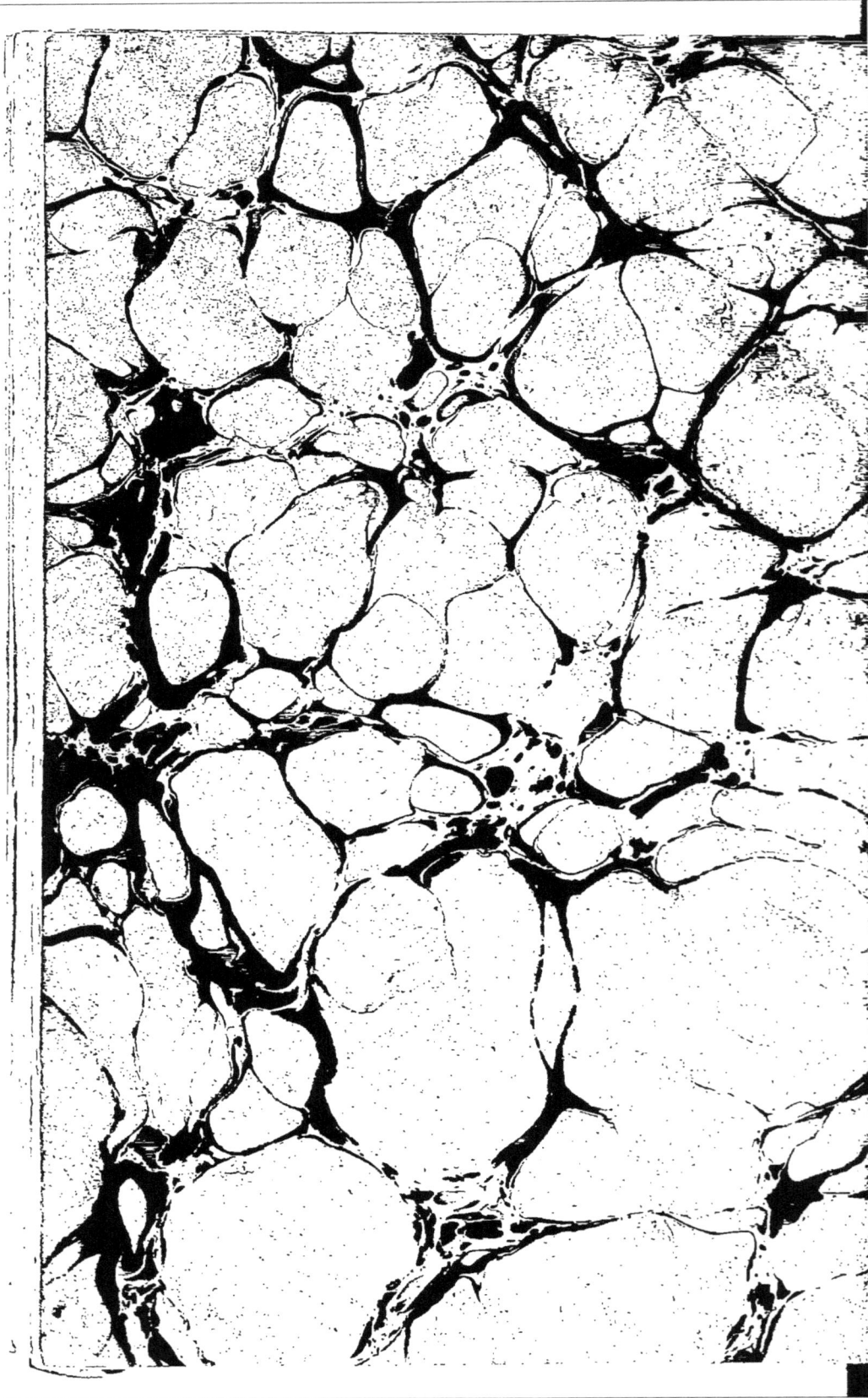

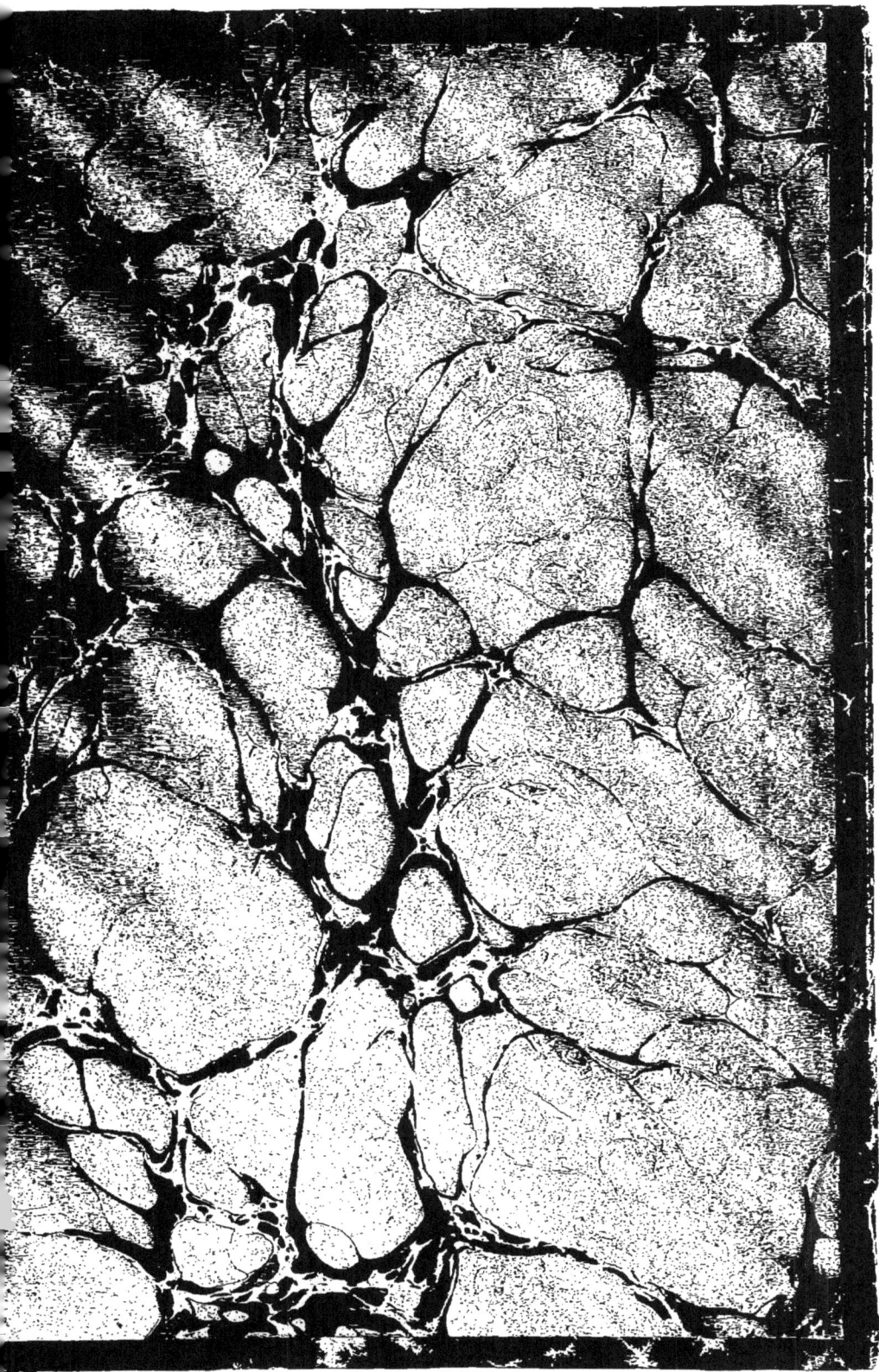

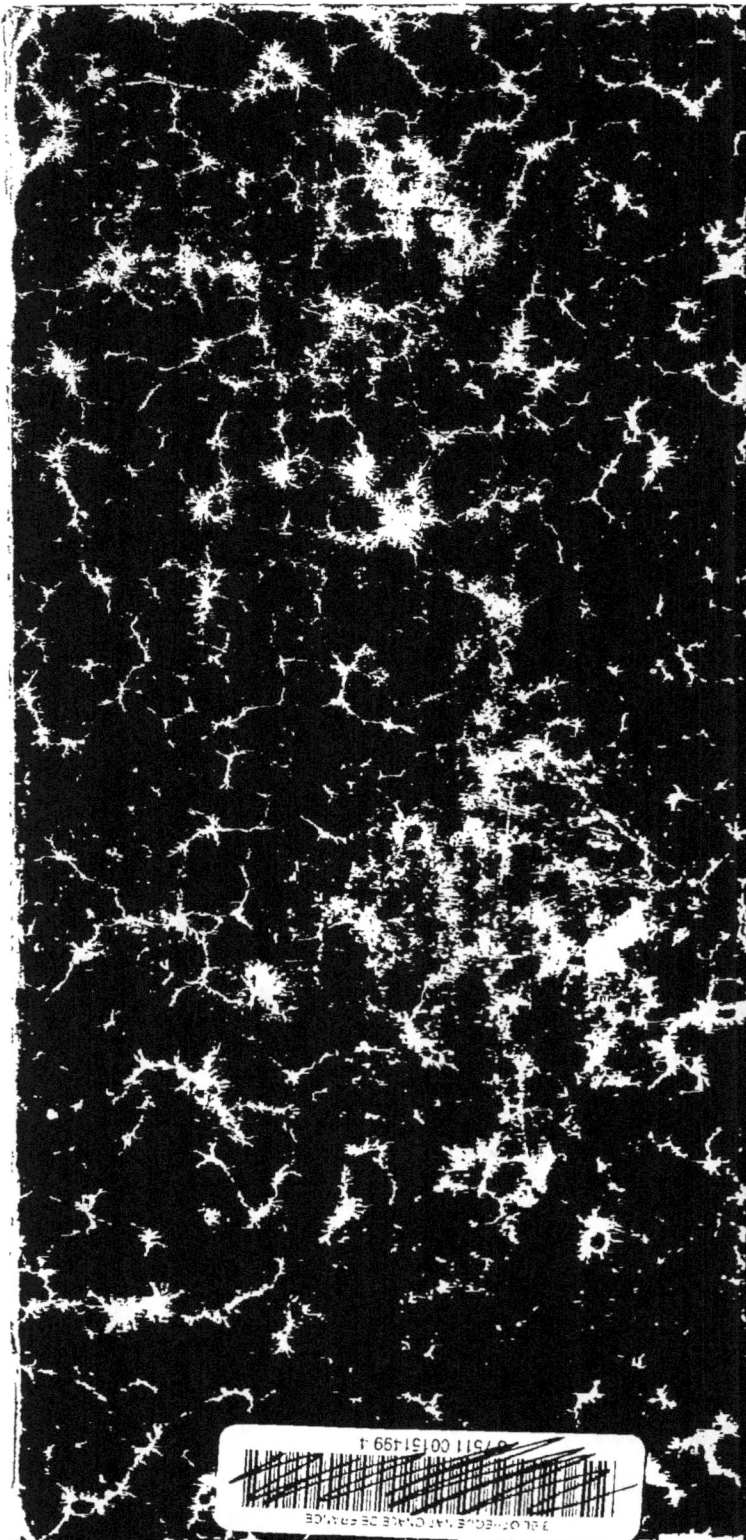